吉林大学廉政研究院专项研究课题：《韩国历届政府反腐败治理的经验与借鉴研究》（2015LZY021）立项资助。

韩国历届政府
反腐败治理的经验与借鉴研究

王 生 王美兮 | 著

光明日报出版社

图书在版编目（CIP）数据

韩国历届政府反腐败治理的经验与借鉴研究 / 王生，
王美兮著 . -- 北京：光明日报出版社，2025. 1.
ISBN 978-7-5194-8476-7

Ⅰ. D731. 263. 4

中国国家版本馆 CIP 数据核字第 2025KU6263 号

韩国历届政府反腐败治理的经验与借鉴研究
HANGUO LIJIE ZHENGFU FANFUBAI ZHILI DE JINGYAN YU JIEJIAN YANJIU

著　　者：王　生　王美兮

责任编辑：章小可　　　　　　　责任校对：郭玫君　李学敏
封面设计：中联华文　　　　　　责任印制：曹　诤

出版发行：光明日报出版社
地　　址：北京市西城区永安路 106 号，100050
电　　话：010-63169890（咨询），010-63131930（邮购）
传　　真：010-63131930
网　　址：http://book.gmw.cn
E - mail：gmrbcbs@gmw.cn
法律顾问：北京市兰台律师事务所龚柳方律师

印　　刷：三河市华东印刷有限公司
装　　订：三河市华东印刷有限公司
本书如有破损、缺页、装订错误，请与本社联系调换，电话：010-63131930

开　　本：170mm×240mm
字　　数：173 千字　　　　　　印　　张：14
版　　次：2025 年 1 月第 1 版　　印　　次：2025 年 1 月第 1 次印刷
书　　号：ISBN 978-7-5194-8476-7

定　　价：89. 00 元

目 录
CONTENTS

第一篇 01

| 绪 论 |

第一章

研究缘起

第一节　问题的提出

腐败是危害世界经济发展的一项全球性问题。"根据联合国统计，腐败占全世界总生产额的近3%。"^①在国家层面，腐败是对人民生存和发展的威胁，是对国家法治和国家制度的严重侵蚀。因此，在国家治理现代化的进程中，反腐败治理与廉政建设是世界各国政府推进国家治理、开展国际合作制度化的重要一环。

随着我国国家治理现代化进程的加快，反腐败越来越成为社会各界普遍关注和学界重点深入研究的重要议题。党的十九届四中全会鲜明地提出了"构建一体推进不敢腐、不能腐、不想腐体制机制"，"坚定不移推进反腐败斗争"。但腐败作为一个具有历时长、范围广的时空特性政治、经济与社会现象，反腐倡廉必然是一个长期的历史过程。在具体实践过程中，如何推进反腐败，提高国家治理现代化水平还面临着诸多挑战。

---

① 孙学军.士绅层以及再生产其伦理观的科举制度对社会发展带来的影响力再评估［D］.横滨：横滨国立大学，2004.

在我国推进反腐工作法治化、规范化的过程中，借助"外脑"智慧反腐惩贪，也是促进国家治理体系和治理能力现代化不可或缺的一部分，正所谓"他山之石，可以攻玉"。2015年9月8日，王岐山主持了以"从严治党：执政党的使命"为主题的高级别对话会，并与受邀的来自俄罗斯、德国、新加坡和韩国等国家的80余位外国政客学者探讨执政党从严治党和反腐败问题。① 以中韩为例，两国地缘相近、文化相通，经济增长模式也有着相似性，因此，无论是政治腐败产生的根源，还是展现出来的基本形式等方面都具有相似性。作为后发现代化国家，韩国在追求现代化发展的过程中，加强对于腐败问题的管控，取得了明显成效，积累了丰富经验。无论是朴正熙时代开启的"运动反腐"，抑或是金泳三时代着手启动的"制度反腐"，还是文在寅政府以"政治清算"为特征的强力反腐，对反腐败治理而言，既有理论探讨的学术意义，也有政策制定的实践价值。

韩国政府初创时期，政治的腐败状况十分严重，腐败与低效成为李承晚政府的代名词。李承晚曾实施反腐举措，如发布《公职伦理确定宣言》，颁布《反民族行为处罚法》，并设立了以反腐败为目的的独立监察机关——审计院和监察委员会等。但由于李承晚政府依赖援助资金来恢复韩国经济发展，经济发展与商业资本崛起之间存在着密切联系，致使在政经勾结模式下涌现出一批财阀，自此，利益交换内嵌于韩国经济社会结构之中，成为日后导致韩国腐败的顽疾。事实上，李承晚政府的反腐措施并没有改善韩国的腐败，在韩国社会系统性的贪腐问题和李承晚在民主政治的制度框架中寻求独裁统治的双重因素作用下，韩国爆发了民主运动。而李承晚也在1960年爆发的"4·19"学生运动中黯然下台，结束了12年的独裁统治时代。

---

① 聂胜权.从严治党：沉淀中国智慧，凝聚国际共识："2015中国共产党与世界对话会"侧记 [EB/OL].人民网，2015–10–08.

　　朴正熙时代开启了韩国真正意义上的反贪治贪以及经济现代化进程。朴正熙认为，一国官吏的腐败及随之而生的国家行政的腐败，会招致该国政治体制破产，使现代化受挫，是最大的政治危机。因此，朴正熙下决心要扫除国家的腐败与社会邪恶，重振颓废的国民道德与民族正气。朴正熙上台初期，就铁腕施政反腐，发动"政治净化运动"，运用强硬手段逮捕和开除腐化官员和军官，并推行相应的行政管理体制改革，建立若干监察机构并完善相关职能，制定严厉的监察制度。随着国家主导型经济的快速发展，朴正熙带领韩国创造了"汉江奇迹"，但与此同时，国家权力对经济领域进行的全面渗透，形成了权力寻租的现实土壤，以"政经结合"和"政经愈合"为典型模式的腐败现象，引发了韩国社会强烈的反腐呼声。为此，朴正熙发动了声势浩大的"庶政刷新运动"，开展运动式的反腐，旨在"消除公务员社会的所有腐败现象，开展有效明朗的服务行政"。

　　全斗焕基本延续了前任总统朴正熙的统治，对政府主导型经济进行了一定程度上的改革，以自由化的经济政策向民间主导的经济体制过渡。这种经济政策的调整一方面促进了韩国经济的发展，另一方面也造成了国内贫富差距扩大，以财阀企业为中心的经济结构进一步固化，使得政经勾结的金钱政治更加强化，最终导致政治体制上的结构性腐败。虽然全斗焕执政期间，制定了《公职人员伦理法》，开启了韩国以立法形式推进反腐败斗争的先河，但由于政治上的结构性腐败矛盾存在，实际的反腐效果并不理想。最后全斗焕也因自身与财阀间的密切联系，陷入腐败的旋涡之中，执政任期内反腐成效甚微。

　　针对全斗焕时期出现的政治腐败蔓延问题，卢泰愚沿着群众运动式反腐的道路继续前进，但不同于前两任的是，其推行的"新秩序、新生活"运动更多的是一种教化意义上的政策主张。卢泰愚政府在反腐败建设方面所做的努力主要是推进《公职人员伦理法》修订法案，以期建立公务员财产公开制度，但由于种种原因，未被国会批准。卢泰愚任期内在反腐败建设方面并无太多实质性推进，但他的一些反腐败努力为金泳三政府时期的法案修订奠定了基础。

然而，从朴正熙时代到全斗焕、卢泰愚政府的反腐败举措来看，大都是以社会运动的方式强化对腐败行为的严厉惩罚，缺少一种反腐的制度设计和预防。虽然在社会层面实现了清廉风气，但并未触及军人政体本身的症结，政治体制和财阀的利益同盟关系不断强化，这也是其政权在民主运动中不断垮台的重要原因。但从历史的角度来看，军人政权时期所推行的反腐败措施为接下来的民选政权推进反腐败的制度化建设提供了经验和铺垫。

1993年，金泳三上台后开创了一条崭新的反腐道路，即制度反腐。运用制度的力量约束腐败是文人政权治理腐败问题不同于军人政权的最主要特点。金泳三提出"消除腐败、恢复经济、完善纲纪法规"三大课题，把消除腐败、整肃官场陋习作为国家政治的首要目标，力求树立清廉"文官政府"的新形象。上台之初，金泳三即促使国会通过了《公职人员伦理法修正案》，之后又制定了《公职选举和选举不正当防止法》《地方自治法》《政治资金法》等"改革三法"。在一定程度上，压缩了选举过程中的自由裁量空间，最大限度地防止选举腐败问题的发生。此外，金泳三时期取得的反腐成就主要得益于建立了两大制度，即官员财产申报制度和金融实名制度。两大制度实施后，反腐败取得了突出的成就。但由于韩国社会根深蒂固的政经勾结腐败问题，金泳三的反腐措施也伤及内阁执政基础，多名执政党官员被免职，他的亲信和儿子都卷入腐败案件，对他的声望造成了影响，但金泳三的反腐决心并没有因此而动摇。

金大中时期继续延续了金泳三政府的制度反腐思路，推行《防止腐败法案》。在完善约束腐败法律法规的同时，金大中政府重视民主力量对于反腐败的积极意义，鼓励公民协会和市民组织加入反腐败委员会。此后，卢武铉及李明博在前几任总统所奠定的制度反腐的基础上继续推进。2001年7月24日，韩国制定的《腐败防止法》标志着韩国国家反腐败体系的正式建立。之后的朴槿惠政府，在反腐倡廉领域迈出的重大步伐当以《金英兰法》的出台为标志。2015年3月3日，韩国国会通过了反腐法案《关于禁止不正当请托及收受财物等的法律》（又称《金英兰法》），这是韩国史无前例的反腐败法案。2015年12月29日，韩国最严《公务员惩戒令》出台，按照新规则，公务员如果收受100万韩元（约合人民币5600元）以上的金钱或接受价值100万韩元以上的各种招待，将无条件地被处以"罢免"或"解任"等严重处分。

2017年，文在寅政府上台之后，开启了以"政治清算"为特征的强力反腐序幕。在总统就职演说中，文在寅就宣告："从权威式总统的惯例开始清算，顺应之前所作的一切准备，走出青瓦台，开启'光化门总统时代'。"另外，还特别强调"将最大限度地与国民分享总统的权力，将权力机构转型为与政治脱钩的独立机构。采取牵制措施争取不让任何机关单位有滥用权力的机会"，还将积极进行财阀改革。在"文在寅政府"的领导下，"官商勾结"一词将会彻底消失。①

文在寅就职之后即发布了《新政府反腐大纲》，并有效整合国内反腐机构力量，成立了国家反腐败政策协商委员会，随后在2018年4月18日的第二次反腐败政策协议会上公布了建设廉洁社会的中长期路线图《2018—2022年反腐倡廉五年综合规划》，规划涵盖了公私多领域的反腐败措施，反腐政策的适用范围由公共部门拓展到民间。此外，政府还制定了争取年内将韩国在透明国际的年度清廉指数（CPI）排名（第51位）提升至前40位的目标，2019—2020年提升至前30位，2021—

---

① 李丰.《文在寅总统演讲集》韩译中翻译报告［D］.济南：山东大学，2020.

2022年提升至前20位。① 规划指出，政府将结合各机构反腐课题和国民意见，制定出共同清廉、廉洁公职社会、透明经营环境、实践清廉四大战略和50个课题，由国民权益委员会定期监测课题贯彻执行情况并向国民汇报政府工作成果，在2022年前让廉洁文化融入社会各个领域。

　　2019年12月30日，韩国国会又通过了《关于设立高层公职人员犯罪调查处的法案》。按照法案规定，韩国将成立独立的反腐部门，专门对韩国高层公职人员开展犯罪调查，调查对象包括总统以及行政部、立法部、司法部的所有高级公务员，还包括国家情报员3级以上官员以及将军级军官，退休不到3年的高级官员也包括在内，且其配偶、直系亲属、兄弟姐妹均包括在对象范围内。法案中还明确规定总统和总统府不得干预调查处办案，这将赋予调查处开展对高层公职人员的腐败和违法行为的独立调查权，对韩国高层公职人员腐败产生相应的威慑和预防作用。同时，文在寅政府推进韩国检察机关改革，有利于破除检察机关权力过大而带来的滥用职权和政商勾结的可能。

　　2020年12月10日，韩国国会通过了《高级公职人员犯罪调查处法修正案》，对高级公职人员犯罪调查处检察官的年限资格、任期进行调整等。这意味着，公调处将进入实际启动阶段。高级公职人员犯罪调查处是权力机构改革的核心，《高级公职人员犯罪调查处法》《警察法》《国情院法》等在获得国会通过并公布后，作为韩国民主主义长久夙愿的权力机构改革将完成制度化进程。高级公职人员犯罪调查处作为对检察部门的民主管制手段，它能够成为对检察部门内部非法和错误行为进行追责的制度性机构。高级公职人员犯罪调查处设立的意义在于，形成权力机关间的制衡，保证司法公正等。如果其余程序能够顺利进行，韩国将有望于2021年正式成立高级公职人员犯罪调查处。

---

① 　韩政府公布反腐五年规划［EB/OL］. 韩联社，2018-04-19.

表1 韩国历届政府反腐制度设计及特征

年度	反腐运动与制度设计	反腐特征
李承晚政府 （1948—1960）	审计院、监察委员会司政委员会	反腐不被当作特别的政策议题，只当作通常的司政活动
张勉政府 （1960—1961）	《不正当选举关联者处罚法案》	腐败关联法条项较为分散
朴正熙政府 （1961—1979）	"庶政刷新运动"、监察院、《不正当蓄财处罚法》	从国情等综合性层面接近反腐，主要以下位职务治理为中心，权力型腐败治理效果不佳
全斗焕政府 （1980—1987）	"社会净化运动"、《公职人员伦理法》、《政治资金法》	试图强有力地铲除腐败，但由于集权势力自身腐败，腐败反被制度化
卢泰愚政府 （1988—1992）	"新秩序、新生活运动"	遏制腐败的政策未能一贯推进
金泳三政府 （1993—1997）	"清洁水源运动"、"公职人员财产公开制度"、"金融实名制"、《信息公开法》《公职选举与选举不正当防止法》	把遏制腐败看作是国情的最优先课题，制定关联法律，建构透明的政府成效较大，但体系化的遏制腐败方案不足
金大中政府 （1998—2002）	《腐败防止法》、《公务员行动纲领》、《洗黑钱防止关联法》、腐败防止委员会	腐败防止委员会的设置，出现腐败防止政策的可视效果，但由于职能界限暴露一些问题
卢武铉政府 （2003—2008）	国家清廉委员会、反腐败关系机关协议会、修订《政治资金法》和《公职人员伦理法》	反腐进入持续稳定的阶段，计划设置高位阶不正当行为调查处，但遭到司法机关反对
李明博政府 （2008—2012）	反腐败与国民权益委员会、《特定经济犯罪加重处罚法》、《腐败公职人员处罚强化对策》	扩大了反腐内涵，提出了国民权益，但在一定程度上弱化了反腐的可视效果

年度	反腐运动与制度设计	反腐特征
朴槿惠政府 （2012—2017）	《关于公务员犯罪所得没收特别法（修订案）》、《金英兰法》	通过了史上最严厉的反腐法案，具有划时代意义的反腐制度法典，但执行的不确定性增大
文在寅政府 （2017—　　）	《新政府反腐大纲》、国家反腐败政策咨询委员会、《2018—2022年反腐倡廉五年综合规划》	开启了以"政治清算"为特征的强力反腐，但阻力较大

积数十年之功成效毕现的廉政建设工作，使得韩国政府清廉指数排名逐步上升。2021年1月，国际反腐组织"透明国际"（Transparency International）发布的2020年全球清廉指数（Corruption Perceptions Index，CPI）中，韩国CPI得分为61分，全球排名33位，较2016年的排名52位，提高了19个位次。由此可见，韩国反腐败成效十分显著。① 历时数十年的反腐败治理也使得韩国的国际竞争力、软实力大为增强，韩国在亚洲的国际地位不断提高。由于中韩两国历史渊源深厚，两国都曾面临严峻的反腐形势，韩国的廉政建设工作成绩卓著，世人有目共睹。因而，总结韩国的反腐败经验，借鉴其有效的反腐措施，对于我国取得更为显著的廉政建设成绩将具有重要意义。

表2　2009—2023年"透明国际"对中国和韩国腐败指数的评价

年份/年	中国得分/分	韩国得分/分	中国排名/位	韩国排名/位
2009	36	55	79	39
2010	35	54	78	39
2011	36	54	75	43
2012	39	56	80	45

① CPI 2020: Tabellarische Rangliste［EB/OL］.Transparency International，2021-01-28.

续表

年份/年	中国得分/分	韩国得分/分	中国排名/位	韩国排名/位
2013	40	55	80	46
2014	36	55	100	44
2015	37	54	83	43
2016	40	53	79	52
2017	41	54	77	51
2018	39	57	87	45
2019	41	59	80	39
2020	42	61	78	33
2021	45	62	66	32
2022	45	63	65	31
2023	42	63	76	32

数据来源：根据2009—2023年中韩CPI数据整理所得。

图1　2009—2023年中韩CPI数值比较折线图

数据来源：根据2009—2023年中韩CPI数据整理所得。

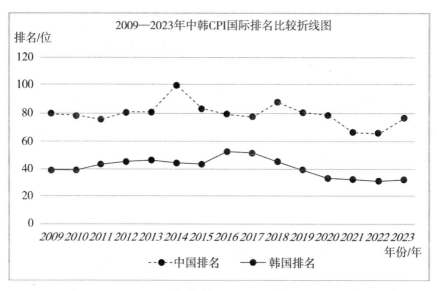

图2   2009—2023年中韩 CPI 国际排名比较折线图

数据来源：根据2009—2023年中韩 CPI 数据整理所得。

反腐败作为党自我革命的重要手段，始终贯穿于党的奋斗历程，事关党长期执政和国家长治久安，事关事业兴旺发达和人民幸福安康。[①]在党的十八大报告中，胡锦涛用"致命伤害""亡党亡国"来警示腐败问题的潜在危险。强调反腐倡廉必须常抓不懈，拒腐防变必须警钟长鸣。2012年11月15日，中共中央总书记习近平在当选后的首次亮相中，就以"打铁还需自身硬"来表露反腐决心。2012年11月17日，习近平在十八届中共中央政治局第一次集体学习时，又以"物必先腐，而后虫生"之说警示官员，并强调"腐败问题越演越烈，最终必然会亡党亡国"[②]。新一届领导集体履新以来，着重强调政风改革，落实八项规定，重拳反腐。2013年1月21日，习近平总书记在十八届中央纪委二

---

① 樊伟. 反腐是最彻底的自我革命［EB/OL］. 中国共产党新闻网，2022-12-29.

② 习近平在十八届中共中央政治局第一次集体学习时讲话［EB/OL］. 中国政府网，2012-11-19.

次全会指出："从严治党，惩治这一手决不能放松。要坚持'老虎''苍蝇'一起打，既坚决查处领导干部违纪违法案件，又切实解决发生在群众身边的不正之风和腐败问题。"①2015年1月13日上午，习近平总书记在中国共产党第十八届中央纪律检查委员会第五次全体会议上发表重要讲话，强调"党风廉政建设和反腐败斗争永远在路上"②。

2020年1月13日，在北京召开的十九届中央纪委四次全会指出：纪检监察机关要强化监督职责，突出政治监督，围绕党的路线方针政策和党中央重大决策部署落实情况加强监督检查，深化拓展群众身边腐败和作风问题整治，持续严惩扶贫和民生领域腐败、涉黑涉恶腐败及"保护伞"。集中整治形式主义、官僚主义。深化政治巡视和巡视整改，完善巡视巡察工作格局，有效运用"四种形态"，严格执纪执法、精准有力问责。统筹推进纪检监察体制改革，不断提高规范化法治化水平。坚持不敢腐、不能腐、不想腐一体推进，突出重点削减存量，零容忍遏制增量，深化以案促改、标本兼治。③可以说，正是党中央坚定的反腐决心和意志，坚持反腐败无禁区、全覆盖、零容忍，坚定不移"打虎""拍蝇""猎狐"，才使得我国反腐败工作取得了举世瞩目的成绩，不敢腐的目标已初步实现，不能腐的笼子越扎越牢，不想腐的堤坝正在构筑，反腐败斗争压倒性态势已经形成并巩固发展。但我个人认为，从考察国外的反腐败经验来看，这还只是我国反腐败斗争的初级阶段。

在借鉴他国"外脑"反腐败经验方面，由于地缘的相近性和文化的相通性，韩国在反腐败上的成功经验对于中国深入推进反腐倡廉工作

---

① 徐京跃，周英峰.习近平在十八届中央纪委二次全会上发表重要讲话［EB/OL］.人民网，2013-01-22.

② 中国共产党第十八届中央纪律检查委员会第五次全体会议公报［EB/OL］.中国政府网，2015-01-14.

③ 中国共产党第十九届中央纪律检查委员会第四次全体会议公报［EB/OL］.新华网，2020-01-15.

具有特殊的意义。因为中国改革开放以来的经济增长模式基本上是过去"亚洲四小龙"的经济增长模式。这样的话，在东亚其他国家经济高速发展过程中出现的一些问题现象，很大程度上也可能会在中国出现，如贪腐问题。

党的十九大报告中指出，中国特色社会主义进入新时代，我们党一定要有新气象新作为，要坚定不移全面从严治党，不断提高党的执政能力和领导水平。打铁必须自身硬，党要团结带领人民进行伟大斗争、推进伟大事业、实现伟大梦想，必须毫不动摇坚持和完善党的领导，毫不动摇把党建设得更加坚强有力。全党要清醒认识到，我们党面临的执政环境是复杂的，影响党的先进性、弱化党的纯洁性的因素也是复杂的，党内存在的思想不纯、组织不纯、作风不纯等突出问题尚未得到根本解决。要深刻认识党面临的执政考验、改革开放考验、市场经济考验、外部环境考验的长期性和复杂性，深刻认识党面临的精神懈怠危险、能力不足危险、脱离群众危险、消极腐败危险的尖锐性和严峻性，坚持问题导向，保持战略定力，推动全面从严治党向纵深发展。

党的十九届五中全会上，习近平总书记从党和国家事业发展的全局出发，把握世界大势和发展规律，深入分析国际国内形势，审议通过了《中共中央关于制定国民经济和社会发展第十四个五年规划和二〇三五年远景目标的建议》，其中指出：要深入贯彻落实习近平新时代中国特色社会主义思想和党的十九大，十九届二中、三中、四中全会精神，把政治建设摆在首位，严格落实党风廉政建设主体责任，推动全面从严治党向纵深发展。因此，如何更好提高党的拒腐防变和抵御风险能力成为当前党建领域的重大课题，汲取先进国家的反腐败治理经验将有助于更好推进国家治理体系和治理能力的现代化。

第二节　研究意义

一、现实意义

在世界各国反腐倡廉的廉政建设过程中，反腐败理念的建立、严厉措施的实施和监督机制的完善都是非常重要的"要素"。但至关重要的则是国家廉政治理体系的建构。由于文化背景、政治体制、社会形态等方面的差异，不同国家和地区的反腐败机制并不相同，取得的反腐败成效也有所区别。透明国际认为一个国家或地区的廉政体系决定了其反腐败成效，缺少了任何一个廉政治理要素，反腐败都不能取得成功。[①] 亚太地区既有新加坡、日本等国家廉政建设的成功经验，也有印度尼西亚、菲律宾的遏制腐败徒劳无功的教训。分析总结与中国传统政治文化背景十分接近的邻国——韩国的廉政建设相关经验，研究韩国在反腐进程中的国家廉政治理体系建设规律，从中汲取经验和教训，对我国当下的廉政治理体系建设有着十分重要的借鉴意义。

二、理论意义

本书的理论意义在于，通过系统深入地对亚太地区廉政指数较好的韩国反腐败案例的剖析，针对中韩两国不同的政治体制、经济发展水平以及特殊的历史文化背景，阐述中韩两国造成腐败的不同情况和特点，总结出韩国政府在廉政建设方面取得的成就和经验教训以及韩

---

① POPE J.Confronting Corruption: The Elements of a National Integrity System [M].Berlin: Tranaparency International，2000: 33-34.

国反腐倡廉与实现国家现代化的内在逻辑关系，尝试提出与具有创新性的观点和结论。从揭示政治社会权力分配尤其是韩国特殊的以国家扶植的大企业为支柱的经济发展模式与腐败的关联性入手，研究韩国实现现代化的新模式和新经验，能够为亚太地区国家在地区认同层面的理论研究提供素材，也能为东亚一体化研究作出理论贡献。

第二章

国内外相关的研究动态

第一节　国内有关韩国反腐败治理问题的研究

一、韩国腐败与威权主义的关系的研究

国内学界对韩国腐败与威权主义的关系问题探讨的研究成果比较多，涉及威权体制下腐败产生的原因、对韩国社会各个层面产生的影响及政府所采取的各种措施和反腐效果的评价等。其中，代表性的研究成果有陈海莹教授的《"韩国病"的政治解读：韩国现代化进程中的反腐败研究》一书。陈海莹教授根据韩国政治发展的历史分期，将韩国建国以来的反腐败进程大致分为政府无作为阶段、政治军人反腐救国的革命和铁腕治国反腐败促发展运动阶段、多元民主体制下进行的制度反腐建设阶段以及在保守主义重新席卷而来，发展主义重新抬头，围绕经济发展，护航经济，进入建设"经济民主"背景下的反腐败新阶段这四大阶段。陈海莹教授从政治学的角度对韩国现代化进程中的反腐败问题进行了较为深入的研究，其中，本书在第二章至第四章中详细介绍了威权体制下韩国各届政府的反腐败措施及其特点，分析了腐

败产生的渊源近因及蔓延根源[①]。马占稳教授的《扬汤止沸：韩国现代化中的早期反腐败——韩国现代化进程中反腐败问题研究之一》，认为韩国现代化进程中腐败与反腐败结伴而行，反腐虽然"扬汤止沸"，但遏制了腐败泛滥，推动了韩国的现代化进程。[②] 陈晓律教授的《发展与腐败——韩国模式透析》，认为韩国政府的有效指导同时推动了经济发展和腐败泛滥，并认为腐败是发展过程中的必然但非合理现象，只有反腐才能推动发展。[③] 钟坚教授的《韩国大企业发展模式的历史反思与制度分析》，对韩国大企业发展模式所带来的腐败现象进行了全面分析。[④]

二、韩国民主化与反腐败治理关系的研究

20世纪80年代末，韩国实现由威权主义向政治民主化的转型。学界开始对韩国民主化与腐败的关系、民主化以来反腐的制度化举措、威权主义越加腐败并且蔓延的经济根源和社会背景等方面进行了集中的探讨和研究。郭定平教授的《韩国政治转型研究》一书，在对政治转型理论进行必要分析的基础上，着重探讨了20世纪八九十年代韩国政治转型的背景、动因、进程、问题与前景，是一部全面而系统研究韩国政治转型的专著。郭定平教授将政治腐败列为"韩国病"之一，认为政党是现代民主政治中最活跃的政治主体，政党组织发展的不健全和政党经费管理不完善是韩国政治腐败蔓延的一个根本原因。[⑤] 金香

---

① 陈海莹. "韩国病"的政治解读：韩国现代化进程中的反腐败研究 [M]. 北京：中国社会科学出版社，2015.

② 马占稳. 扬汤止沸：韩国现代化中的早期反腐败：韩国现代化进程中反腐败问题研究之一 [J]. 北京行政学院学报，2004（1）：5–10.

③ 陈晓律，张硕. 发展与腐败：韩国模式透析 [J]. 南京大学学报（哲学·人文科学·社会科学版），1998（1）：112–122.

④ 钟坚. 韩国大企业发展模式的历史反思与制度分析 [J]. 深圳大学学报（人文社科版），2001，18（5）：76–83.

⑤ 郭定平. 韩国政治转型研究 [M]. 北京：中国社会科学出版社，2000：161.

花在《韩国国家反腐败系统的建构过程及其经验反思》一文中，从20世纪90年代前，韩国权力腐败的历史成因角度出发，指出韩国腐败的结构性特点就是政、军、经、言的跨界勾结，其中最为突出的是"政经瘾着"。[①]

詹小洪教授的《政商勾结：韩国难于切割的腐败毒瘤》，论述了政商勾结是韩国腐败蔓延的重要原因，并分析了政商勾结产生的社会背景，同时揭示了其给韩国社会带来的严重后果[②]。李文教授在《韩国总统为何难以摆脱"身边人"腐败魔咒》一文中指出："韩国总统素有被家人、亲信和密友拉下水的'传统''身边人干政'可以说是悬挂在青瓦台上方的达摩克利斯之剑。除了两任过渡总统尹潽善（1960—1961年执政）和崔圭夏（1979—1980年执政）之外，历任总统基本上都因没管好身边人而不得善终。"[③]王生和骆文杰在《韩国历届政府反腐败治理的经验及借鉴研究》一文中，分析了韩国现代化以来政治腐败产生的根源以及各届政府的反腐败举措，并较为全面地总结了韩国反腐败治理的经验和教训。[④]

三、韩国公务员财产申报制度及其借鉴意义的相关研究

通过研究韩国公务员财产申报制度经验，探讨对我国反腐的借鉴和启示意义的文章也有很多。何叶在《论美韩公务员财产申报制度对我国的借鉴意义》一文中，从公务员财产的申报到财产的公开方面分析，得出财产申报制度成功实行的关键是高层领导的强力推动，成功

---

① 金香花.韩国国家反腐败系统的建构过程及其经验反思［J］.北京行政学院学报，2013（5）：37-43.

② 詹小洪.政商勾结：韩国难于切割的腐败毒瘤［J］.开放导报，2004（3）：80-81.

③ 李文.韩国总统为何难以摆脱"身边人"腐败魔咒［J］.人民论坛，2016（35）：27.

④ 王生，骆文杰.韩国历届政府反腐败治理的经验及借鉴研究［J］.东疆学刊，2019，36（1）：16-26，111-112.

实行的保障是配套设施的完善。① 杨建国在《韩国官员财产申报法制化路径分析与经验启示》中，从公民社会的推动、政治领袖的率先垂范作用以及对金融实名制的支持方面分析了韩国公职人员财产申报法制化的动力；从集权政治体制的制约、既得利益群体的反对、政治主导型发展模式的影响方面分析了韩国公务员财产申报法制化的阻力。由此，提出了在财产申报制度中国化的进程中应当加强法治建设，健全金融实名制等配套措施的建议。② 肖磊在《试论韩国公务员财产申报制度对我国的启示》一文中，通过对韩国公职人员财产申报制度的研究，肯定了公务员财产申报在推进反腐治理方面的积极作用；并针对我国特殊的国情提出了扩大申报者主体，应包括军事部门；在财产公开方面，针对特殊部门的公务员实行有选择性地公开，而不是全部公开。③

四、韩国公务员财产申报制度对反腐败方面作用的相关研究

研究公务员财产申报制度对反腐败方面作用的主要成果有任勇的《韩国反腐败进程以及经验》一文，介绍了韩国在建国初期、第三共和国时期、第五共和国时期以及现代韩国的反腐败问题，分析出韩国在针对不同时期的反腐败措施就是不断完善公务员财产申报制度，提出了公务员财产申报和公开制度，实行金融实名制，加强对金融管理以及对公职人员思想文化上的腐败预防。④ 尹保云的《韩国的反腐败斗争》一文，对韩国的腐败历程进行分析，认为韩国的集权官僚制和国家法治秩序的不完善都是造成韩国腐败问题严重的主要原因，但是同时也

---

① 何叶.论美韩公务员财产申报制度对我国的借鉴意义［J］.现代商贸工业，2013，25（12）：35-37.

② 杨建国.韩国官员财产申报法制化路径分析与经验启示［J］.东北亚论坛，2013，22（4）：107-119.

③ 肖磊.试论韩国公务员财产申报制度对我国的启示［D］.延吉：延边大学，2012.

④ 任勇.韩国反腐败进程及其经验［J］.国际资料信息，2007（4）：9-14.

认为韩国的集权制可以通过领导的率先垂范，自上而下的实行财产申报制度，起到预防腐败的作用。^①许吉的《韩国政府反腐倡廉策略及其对我国的启示》一文，通过加强对公务员的伦理道德建设、财产申报和公开、政府电子化运作达到反腐倡廉的效用，提出了一个新的政策就是"打破公务员铁饭碗"，并改善公职人员的人文环境，提出让韩国透明国际这种非政府组织参与到反腐败的进程中。^②

第二节　国外及韩国学界有关韩国反腐败问题的研究

一、韩国政治民主化与腐败关系的相关研究

国外对韩国政治民主化与腐败关系的研究比较完善，理论也比较多，主要指导理论包括结构理论，以摩尔为代表，将关注点集中在阶级、国家等的权力结构变化上。在这一理论的指导下产生了许多研究成果，有代表性的主要有具海根组织编写的《当代韩国的国家与社会》，该书是一本以市民社会理论对韩国民主化进行研究的典型著作。具海根（Hageu Koo）认为国家与社会关系的演变是韩国实现民主化的根本原因。在施密特（Philippe Schmitter）等人所编的《独裁政体的转变》一书中称，韩国的民主化运动也在一种理论与现实相比较的视角下成了比较理论中的一个具体实例。^③亨廷顿（Samuel Huntington）的《第三波——20世纪后期民主化浪潮》一中，分析了20世纪后期民主政治

---

① 尹保云.韩国的反腐败斗争［J］.战略与管理，1994（6）：77-83.

② 许吉.韩国政府反腐倡廉策略及其对我国的启示［J］.延边大学学报（社会科学版），2012，45（4）：93-98.

③ 施密特.独裁政体的转变［M］.巴尔的摩：约翰霍金斯大学出版社，1986：119.

在全世界的发展过程和民主化巩固等问题，对存在的问题做了系统的分析。并且把韩国的民主化进程看成是在第三波民主化浪潮中从威权政体转向民主政体的一个具体例子。① 美国达特茅斯学院大卫·康博士（David C.Kang）的专著《韩国、菲律宾的腐败与发展》一书中②，论述了两国腐败的根源，以及韩国在强力反腐后取得了快速发展而菲律宾却因反腐不力而发展滞后的原因。金勇钟教授的《韩国行政腐败研究》一文，从政治体系的角度入手，探讨了韩国行政系统的腐败类别、原因、危害性及其惩治措施等。金泽的《韩国腐败史研究——解放以后政经瘾着的类型和特质》一文，从韩国腐败历的研究视角出发，阐释了朝鲜战争后韩国政经勾结的类型和特征，以及韩国威权政体变化轨迹与政治腐败之间的复杂关系。③ 权五勇的《韩国病》一书，对韩国病进行了深入研究和分析，指出"腐败"也是"韩国很严重的一种病"。其中，在书的第一章中指出：根据透明国际的调查，韩国企业的贿赂指数在世界19个主要出口国中排在第二位，腐败带来的经济损失是巨大的。并指出："腐败在麻痹市场机能的同时也妨碍了各经济体间的公平竞争，阻碍了经济主体愿望的实现和发展。"④

二、对韩国本国的公务员财产申报制度的相关研究

对韩国本国的公务员财产申报制度的研究，也是韩国学者关注的焦点，成果也比较丰硕。金重阳在《公职者财产登记制》一文中通过对财产申报制度实施背景的研究，对公务员的财产申报法案的发展方

---

① 亨廷顿.第三波：20世纪后期民主化浪潮［M］.刘军宁，译.上海：上海三联书店，1998：221.

② KANG D C.Corruption and Developmentin South Korea and the Phillipippines［M］.Cambridge：Cambridge University Press，2002：33.

③ 金泽.韩国腐败史研究：解放以后政经瘾着的类型和特质［J］.韩国腐败学会学报，2011（1）：1-17.

④ 权五勇.韩国病［M］.徐永彬，译.北京：新华出版社，2008：5.

案提出了一些比较独特的看法：对申报范围的扩大程度，财产申报范围的明确界定，审查机关审查权力的强化，以及公职环境的改善都做了明确的说明，提出财产申报的重点是财产的公开。① 洪井善在《公务员的财产登记义务》一文中，提出公务员申报的财产应该公开，对不实申报或未申报者进行制裁，并把公务员的伦理性和清廉性提到了一个全新的社会高度，认为公职伦理制度在公务员财产申报制度中的作用是不容小觑的。② 金文泫在《公职者伦理和职业选择的自由和限制》一文中对公职者在离职和退职后重新选择岗位的限制提出了自己的看法：公职者由于道德伦理出现问题或在财产申报过程中查出问题，被免职或被解聘后同样具有平等选择职业的权力，只是对就职的时间规定为离职、解聘的两年后，并且不得从事和原单位有业务关系的私人企业。洪基勇、文进柱在《为测定高位公职者的清廉性在个人所得和赠与清单公开的必要性》一文中，提出测定公职者的清廉性除了从学历、能力、经验方面考察以外，还应该从财产申报、纳税情况、犯罪记录以及服兵役情况方面考察。在这篇文章中作者提出了公务员个人信息公开和个人权利方面的关系以及公务员个人所得公开的范围和方法，并指出公职者如果有赠与方面的情况，也应该进行申报。③ 关于韩国行政腐败问题的研究成果是韩国著名学者金勇钟的《韩国行政腐败研究》④，其深入研究了韩国行政系统的腐败类别、原因、危害性及其惩治措施。

---

① 김중양.공직자 재산등록제 [J].행정학, 2003, 445（2）：114-129.

② 홍정선.公務員（公職者）의 財産登録義務 [J].고시연구, 1993（6）：52-61.

③ 홍기용, 문진주.고위공직자 청렴도 측정을 위한과세소득 및 기부내역 공개필 요성 [J].대한경학회지, 2012, 28（8）：3293-3313.

④ KIM Y J.Korean Public Administration & Corruption Studies [M].Seoul, Korea：HakMun Publishing Inc.1996：221.

三、公益举报的相关研究

公益举报是各国反腐倡廉过程中十分重要的民主监督的重要举措。韩国学者对公益举报相关制度的研究开始于2002年1月25日正式实施的《腐败防止法》。金尚郁在《内部举报者保护补偿制度改善的研究——以反腐败法的保护补偿规定为中心》一文中，主要介绍了美国和英国对于举报者的保护补偿制度，并通过比较，对韩国的《腐败防止法》中这一制度存在的不足进行剖析的同时提出了对策建议；[①] 而首尔市立大学的李向凡、朴庆孝在《不同国家内部公益举报保护制度的比较研究》一文中，扩大了研究范围，分别对美国、英国、加拿大、日本等国家的内部举报保护制度进行了广泛比较，包括保护的范围、内容等，并对韩国的《腐败防止法》中有关对举报者的保护制度存在的不足提出了完善建议；成均馆大学的金兴成在《反腐败法的问题点和改善方案》一文中，对《腐败防止法》的问题和改善方案进行了系统深入的研究。[②]

《腐败防止法》将国民权利救济及权益保护的功能分散在国民投诉处理委员会、国家清廉委员会和行政审判委员会等不同机关，给国民带来了混乱和不便。为了将三个机关合并为国民权益委员会（Anti-Corruption & Civil Rights Commission），并以此更加迅速地对国民权益进行救济。2008年2月29日，韩国制定了《关于腐败防止与国民权益委员会设立运营法》，同时废止了《腐败防止法》，[③] 并迄今历经多次修改。

2010年，韩国制定了《公益举报者保护法》（以下简称《保护法》），《保护法》颁布后，许多学者对此展开研究，主要集中于《保护法》的问题分析与改善方案。有学者认为，《保护法》规定的举报对象的范围

---

① 金尚郁.内部举报者保护补偿制度改善的研究：以反腐败法的保护补偿规定为中心 [D]. 全州：全北大学，2008.

② 김형성.부패방지법의 문제점과 개선방안 [J].성균관법학，2012，24（2）：115–139.

③ 韩相敦.韩国反腐败法述评：附：韩国《关于腐败防止与国民权益委员会设立运营法》[J].环球法律评论，2013，35（2）：115.

过小，国民权益委员会的权限不足，举报通知制度不完善，举报者信息保密制度不足。[①] 也有学者分析了《保护法》和《腐败防止法》中的举报者保护制度，以及为了实现对犯罪举报者的实质性保护应该制定的政策。[②] 也有学者介绍分析了《保护法》的主要内容和外国的保护法案例，并提出了自己的发展方案。[③] 有关举报在公法上的性质以及意义，怎样实现有效的内部举报，等等，学者都有相关的研究。[④]

---

① 박경철，"공익신고자보호법의 의의와 문제점"［J］.한국공법학회，2011，（40）：163-199.

② 婆锡屯，权吕国.犯罪举报者保护的现状和课题［J］.韩国刑事政策研究院,2012（12）：1-172.

③ 赵秀永.公益举报者保护和公益举报者保护法研究［J］.公法学研究，2011，12（4）：137-164.

④ 郭明明.韩国公益举报制度研究［D］.济南：山东大学，2014.

第三章

研究的主要内容与研究思路

第一节　研究的主要内容

本书的研究对象是韩国建国后历届政府的反腐败治理政策，要解决的问题主要包括：第一，在现代化过程中，韩国政府为什么会产生腐败？哪些因素对韩国腐败的产生有着至关重要的影响？第二，韩国的腐败都表现在哪些方面？第三，韩国历届政府针对腐败问题都采取了哪些措施？取得了哪些成效？有哪些教训可以汲取？第四，从社会文化、社会制度、政经关系角度来深入发掘中韩两国出现腐败的相似基础及根源，如何才能够有效防止腐败？

本书研究内容包括以下10点。

1. 主要阐述了韩国不同时期腐败产生的原因。韩国建国后，政治体制上经历了不同的发展时期，即建国初自由体制时期、威权主义时期和多元民主体制时期，每个时期由于社会文化背景不同，腐败的根源也各不相同。

2. 结合韩国不懈反腐取得的成绩，分析顺利开展反腐败工作对促进经济社会发展和法治社会建设的重要意义，分析政府廉洁指数与经济发展速度的正向互动关系，分析政府廉洁状况对法治社会建设的直接影响。

3. 以李承晚、朴正熙和金泳三政府为案例，分析李承晚时期导致韩国政治深度腐败的表现和成因；分析朴正熙时代运动式反腐取得显著成绩的历史背景和可资借鉴之处；分析金泳三时代推行制度性反腐的经济社会基础及其重要的时代意义，重点分析运用制度的力量约束权力，防止腐败滋生的历史必然性。

4. 制定科学的制度来有效抑制腐败是制度反腐的必然选择。金泳三政府时期制定的家庭财产申报制度和金融实名制度使得国内反腐工作局面迅速打开，这些经验对我国有一定的借鉴意义。

5. 分析韩国历届政府反腐败路径差异所带来的效度差异，探究威权主义政治与腐败形成之间的机制联系。本书认为韩国朴正熙时代前期通过铁腕反腐，政治腐败得到了遏制，但到朴正熙政府晚期，政治、经济"愈合"现象再度泛滥，腐败问题也由此卷土重来。因而，本书认为公共资源的高度集中对反腐败将造成不利影响。

6. 分析在国家宏观层面建立系统的反腐败治理体系对于现代国家建设的重要性。在本书中将结合史实整理从李承晚政府至今各届韩国政府的反腐作为，包括发动的政治运动、设立的腐败治理机构、颁布的反腐法律法规，分析韩国国家反腐败系统的建构对保障国家现代化稳步推进的重要作用。

7. 结合韩国当代治理经验分析赋予反腐败治理领导机构较为广泛权力的必要性。

8. 从韩国历史经验分析国家核心领导人的施政举措对于取得反腐胜利的重要作用。

9. 分析整合社会力量对于实现反腐战略目标的重要性。本书认为韩国取得举世瞩目的反腐工作成绩，除了领导人励精图治，还在于广大民意的大力推动。

10.结合韩国历史经验分析强力推进反腐败是国家实现全面现代化、融入国际社会并占有一定国际地位的必由之路。

第二节　研究思路

"他山之石，可以攻玉"。本书将在国内外已有相关研究基础上，以唯物辩证法作为方法论指导，系统剖析韩国历届政府的反腐败治理经验，阐明从运动反腐到制度反腐的历史必然性。分析研究韩国建立系统的反腐败治理体系对抑制腐败的决定性作用；分析建立强有力的反腐败治理领导机构、坚定正直的国家领导人的强力统筹、整合社会力量等因素对于推进国家治理腐败的重要影响；基于政治经济互动的基本原理分析优良的政治环境、清廉的政府形象对于促进经济社会发展的积极意义。

研究思路如图3所示。

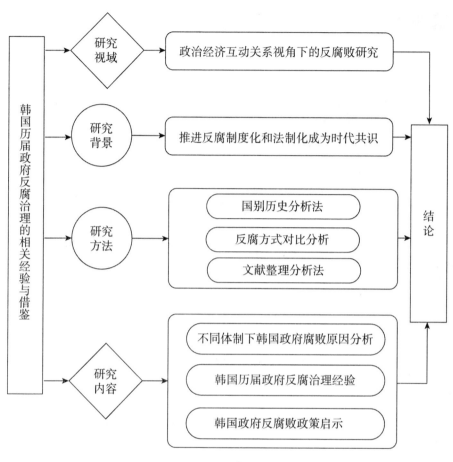

图3 研究思路

第四章

研究方法与创新之处

第一节　研究方法

科学的研究方法是达到研究目的的主要途径，能更好地实现研究目标，为此，本书拟采取如下研究方法。

一、历史分析法

历史分析法是国际政治问题研究的重要方法，是通过运用发展、变化的观点分析客观事物和社会现象的方法。一些矛盾和问题的出现，总有它的历史根源，在分析和解决某些问题的时候，只有追根溯源，弄清楚其来龙去脉，才能提出符合客观实际的解决方法。本书中将以韩国建国后历届政府的反腐败历史为基础，探索韩国政府的反腐败成功经验以及面临的风险，并加以分析，提出对我国反腐败治理的几点经验借鉴。

二、文献分析法

文献分析法是主要通过收集、鉴别和整理文献资料以及对相关文献的研究，形成对事实科学认知的方法。本书通过广泛收集与韩国廉政建设有关的研究成果，如专著、期刊、论文，并查阅韩文原始资料，在总结前人所做研究的基础上客观、全面地认识韩国廉政建设方面的成功经验与不足。

三、比较分析法

分析我国专家学者不同方面的研究成果，可以深入了解韩国廉政建设方面的成就。通过对比国内、国外学者的研究成果，可以更加全面地认识韩国控制权力腐败、公共资源市场化配置、韩国官员财产申报法治化等举措在反腐败方面的作用。

四、案例分析法

案例分析法是主要通过对具有典型意义的设定对象进行分析，从而得出事物一般性、普遍性的规律的方法。本书选取了在韩国反腐败历史进程中具有阶段性特点的李承晚、朴正熙和金泳三政府为案例，重点分析运用制度的力量约束权力防止腐败滋生的历史必然性。

五、跨学科研究方法

本书采用跨学科交叉研究方法，从整体上进行综合研究。运用政治学、经济学、社会学、管理学等多学科、多角度的研究手段，能够更加全面地说明韩国廉政建设状况。同时坚持理论联系实际，将一般理论研究与实证研究相结合，利用各种方法来获取第一手实证研究资料，为理论总结提供可靠的资料支持。

第二节　创新之处

本书选题具有前沿性，研究视角有所创新，以政治经济互动关系为观察视角，以政治学、经济学、社会学、管理学等多学科交叉的研究手段进行系统综合研究。通过对中韩两国腐败现象的评估，总结构筑国家反腐败体系及廉政建设机制的相关经验，为我国反腐败治理提出建设性的战略举措，为我国廉政建设提出新理论与新方法。

第二篇

02

| 韩国政府腐败的原因 |

在政治学视域下，腐败在狭义上是一种对公共权力的滥用。比如，在选举过程中为赢得选票采取的不正当竞争而出现的选举腐败；在行政过程中为了个人私利而出卖公共利益的行政腐败以及政企之间的私相授受等行为。对于一个国家腐败程度的判断标准，反腐败国际非政府组织——透明国际，从1995年开始发布各个国家的腐败感知指数排名。10分为满分，分值越小，排名越靠后，其社会腐败程度越高。多年以来，韩国的腐败感知指数大多处于4~7分，属于中等程度腐败国家。韩国民众将以"政经勾结、官员腐败、拜金主义、社会秩序混乱"为特征的腐败称之为"韩国病"①，这不仅显示出腐败对于韩国社会的严重危害性，也显示出腐败在韩国的反复发作性。由于韩国大规模腐败现象都与政界有所牵连，再加之媒体的宣传曝光作用，使得在韩国通常将政界看作是滋生贪污腐败现象的源头。而韩国政界的腐败并不是某一届政府的个例，而是历届政府多多少少都与腐败有着千丝万缕的关系。腐败可以说是韩国人最为痛斥的社会顽疾之一，而对于韩国政府腐败的原因探查可以追溯至韩国建国之初。

---

① 季正矩.韩国经济高速发展过程中的腐败问题［J］.中国监察，2001（12）：58.

第一章

建国初自由体制时期

韩国在建国之初，面临着严峻的内外部环境，在美国移植的有名无实的民主制度框架下，李承晚政府贪污腐败现象十分严重。

第一节　建国初期的权力斗争导致竞相腐败

1945年8月15日，日本天皇宣读投降诏书，朝鲜半岛从日本殖民统治者手中解放出来，但光复后的韩国并未实现真正的独立。1945年9月15日，美军在仁川登陆，开始了对朝鲜半岛的军事占领，与日本在朝鲜半岛实施的间接统治方式不同的是美国在韩国采取了直接统治的形式。[①] 韩国建国后采取的国家制度与政权组织形式也都是由美国主导的。在李承晚政府成立之后，美国虽撤销了军政府的存在，但还是将韩国的政治、经济、军事中的重要部门牢牢把控于自己手中。因此，这段时间韩国政府的政策深受美国利益所左右。由于朝鲜半岛特殊的地理位置，美国试图分裂并获得半岛南部的全部控制权，使韩国成为当时反对社会主义阵营的"排头兵"。这种情况使得韩国与朝鲜之间竞

---

① 陈海滢."韩国病"的政治解读：韩国现代化进程中的反腐败研究［M］.北京：中国社会科学出版社，2015：21.

争与对峙的局面加剧，更是加深了韩国自身的危机感，使得李承晚政府时期制定的首要的战略目标是"先统一、后发展"以及采取"效率第一"的发展战略。

在国内，权力斗争成为李承晚政权最主要的政治特征。政党斗争激烈，党派林立，光复后的韩国在美军主导之下建立起了美式民主国家。在美国的逻辑中，曾效忠过日本的韩国亲日分子也会以同样的方式忠诚于美国。因此，美国重新起用一些"韩奸"警察和亲日官员并拉拢韩国国内的亲美势力，例如，"国民警察"的成员完全是日本统治时期的旧人员。解放前，朝鲜半岛有8000名朝鲜人警察，其中有5000人继续留用，而且长期忠于日本殖民统治时期的还受到特别重用。[①] 与此同时，美国占领军司令部为了方便管理，更是号召韩国的政治精英组建政党，其后，在美军司令部正式注册登记的政党就超过了50个，在韩国南部更是冒出300多个大大小小的政治团体。因此，小宗派主义盛行的弊端在韩国政党建立初期就已经暴露无遗。[②] 李承晚上台之后，党派争斗愈演愈烈，其组建的保守右翼政权与主张民族独立自主的左翼政权斗争激烈。左翼政权强烈要求改变政治体制，这种要求与朝鲜不谋而合，使得李承晚右翼政权更加深了对左派的恐惧与仇视。此外，亲日的旧军警势力与亲美的统治势力之间的斗争也从未停歇，双方在不同议题上争吵不休。与此同时，在李承晚政权内部也出现了不同的立场。曾与李承晚主张相同政治路线的韩国民主党，在组建内阁阶段与李承晚的自由党意见不合，并与大韩国民党合并，组建起了国会中最大的在野党——民主国民党。可以说，此时韩国的政党已经出现党派林立、党内意见不合、各种利益群体争权夺利的现象，政治环境十

---

①　曹中屏，张琏瑰.当代韩国史（1945—2000）［M］.天津：南开大学出版社，2005：32-33.

②　陈海滢."韩国病"的政治解读：韩国现代化进程中的反腐败研究［M］.北京：中国社会科学出版社，2015：22.

分严峻。在这种背景下，建国初期的韩国官僚机构中官员的任命与提拔也充斥着宗派斗争和权力寻租及贪污腐败的痕迹。各大政治力量为了扩大自身的影响力彼此斗争，甚至采取你死我活的残酷的卑劣手段。据统计，1945—1947年，有5位重量级的政治人物遭遇暗杀身亡，李承晚本人也遭遇过多次暗算。因此，为保障自身人身安全和专制独裁统治，李承晚以忠诚为标准来任命官员，由于疑心深重，其频繁更换政府高级职员，这也造成了韩国初期政治体系的不稳定，为腐败的盛行制造了条件。

因此，在这样的国际和国内政治背景下，以官僚机构和警察作为其统治支柱的李承晚政权并没有把主要精力用于国民经济的恢复和发展上，没有制订出一套现代化的发展规划，而是把主要精力用于完成不现实的国家统一目标和为了维护其个人的独裁统治而进行的权力斗争以及利用权力争相腐败。[1] 此外，李承晚执政时期，国内各政党间斗争激烈，其为了把控政权和控制在野党也需要大量的政治资金，这些资金主要是通过贪污腐败和接受政治献金的非法渠道获得。在李承晚执政后期，其为了巩固政权合法性，向各大集团贿赂或提供政治豁免权[2]，这进一步助长了韩国腐败的发展态势。

第二节　建国初期的日遗和美援造就腐败

从日本殖民统治中获得独立的韩国，尽管经济贫困，但是却有着

---

[1] 马占稳.扬汤止沸：韩国现代化中的早期反腐败：韩国现代化进程中反腐败问题研究之一[J].北京行政学院学报，2004（1）：6.

[2] 雷雨，王刚.韩国腐败与反腐败的政治透视[J].东北亚论坛，1999（1）：20-24.

日本战败撤出半岛后遗留的财产和美国对其大量的经济援助。对于这两大财富的处置和分配，政府官员掌握着极大的权力，这成为韩国初期腐败滋生的温床。

在日本撤出半岛后，美国占领当局没收了日本殖民所有（包括2575家企业、库存物品、不动产及相当于朝鲜半岛15%的土地，相当于韩国总资产的80%）的所谓"归属财产"。①李承晚政府成立后，这一批日遗资产全部归其所有。而李承晚政府出于对社会主义意识形态的敌视，将这些归属财产的一部分收归国有，一部分优先分配给亲信和对国家有功人员，并将剩余部分进行拍卖。这一拍卖的过程也是国家公职人员以权谋利的过程。一些工厂被用远低于市场的价格进行拍卖，购买者只需支付估价总额的10%，其余的90%在之后的15年内分期支付。②与此同时，为了防止财产的"共产化"，已经到工人手中的工厂也会被强制收回重新卖给地主和资本家。这样的买卖，购买者与政府官员之间没有亲近的私人关系或贿赂行为是不可能进行的。

由于韩国重要的地缘位置，美国十分重视韩国的稳定和发展。为此，在韩国建国初期，美国为其提供了大量的经济援助，在1945—1961年间，美国向韩国提供了大约21.5亿美元的物质援助。③这给拥有这些巨额援助的分配权、银行信贷、进出口许可证大权的韩国官员们提供了大肆贪污的机会。④许多重要的政府部门如司法、税收、海关等也被严重腐蚀。与此同时，官员以权钱交易的方式收取政治资金的现象也频繁出现。这样的政治生态为日后的韩国社会培养了一个重要角

---

① 钟坚.韩国大企业发展模式的历史反思与制度分析［J］.深圳大学学报（人文社会科学版），2001（5）：77.

② 陈海滢."韩国病"的政治解读：韩国现代化进程中的反腐败研究［M］.北京：中国社会科学出版社，2015：26.

③ 钟坚.韩国大企业发展模式的历史反思与制度分析［J］.深圳大学学报（人文社会科学版），2001（5）：77.

④ 任勇.韩国反腐败进程及其经验［J］.国际资料信息，2007（4）：9.

色——财阀。据统计，在1997年亚洲金融危机之前，韩国拥有30个有影响力的大财阀集团，其中有21个都创建于李承晚政府时期。[①]

第三节　儒家政治传统与官场腐败

韩国是一个传统的儒教国家。儒家文化从李氏王朝开始确立了其在李氏朝鲜的正统地位。儒家政治传统和文化中的消极因素对韩国社会以及由此产生的腐败问题的影响是极其深远的。

首先，马克斯·韦伯（Max Weber）等人把儒教国家的政治体制称为"家产制"或"集权官僚制"。[②] 这类国家最大的政治特征在于整个社会都被看作是皇室自己的私产，皇室通过控制上下等级分明的官僚组织向全社会汲取资源，最终这些财富集中到中央政府手中。这些财富一部分供皇室消耗，另一部分向全国官员发放俸禄，从而牢牢把控着整个国家。按照现代对于"腐败"的定义——"以公职谋取私利"来看，这种政治体制是自上而下进行的垂直经济掠夺，从根本上就是"腐败"的。[③] 李承晚政府虽建立起了美式民主制度，但究其实质仍然是一种集权官僚制，在这种制度中，中央政府的权力远远凌驾于社会之上，使得这种体制从根本上就具有腐败性。此外，这套政治体制中的阶级是不固定的，其中人员是不断变化的，个人可以通过努力跻身于官僚队伍之中。成功跻身官僚队伍的官员，其生活不只是单靠中央政府下发的微薄的薪俸，他们还会利用手中权力勾结当地权贵搜刮民脂民膏。

---

① 解非.论韩国民主转型后总统腐败缘由［D］.北京：外交学院，2019：16.

② 尹保云.韩国的反腐败斗争［J］.战略与管理，1994（6）：77.

③ 解非.论韩国民主转型后总统腐败缘由［D］.北京：外交学院，2019：16.

在朝鲜李氏王朝500多年的历史中，这种腐败可谓达到了顶点，因此有人称，20世纪的李氏王朝是"裙带关系的世纪"。

其次，儒家文化中的消极因素也在一定程度上成为腐败滋生的温床。具体表现：其一，韩国等级观念与官本位思想严重。受儒家文化影响，整个社会推崇"万般皆下品，唯有读书高""学而优则仕"的观念，认为只有入仕为官才是光宗耀祖的事。民众对于官员更多的是敬畏甚至是畏惧，对于正常范围内官员的腐败，民众大多容忍度较高，若官员贪腐现象严重，民众大多也不会去主动揭发而是寄希望于出现一位像"海瑞""包拯"似的官员解救他们。其二，韩国社会重人情往来，尤其是"血缘、地缘和学缘"的三缘关系网。在这张网中，每个人利用自身权力，调动资源为其他成员服务，这种"找关系办事"被看作自身能力强的一种体现。在这种人情社会中，"托人办事"的过程中收受礼物通常不被看作"腐败"，而是正常的人情往来的一部分。

儒家传统文化对于韩国社会的影响是深远的，这种文化不仅影响着李承晚政府，还影响着之后的历届政府。此外，在一定程度上，腐败会随着民主制度的不断完善和民众反腐意识的提高而得到有效的制约。但这种成熟的民主制度在韩国初期是不太可能实现的。一是由于在建国初期韩国向成熟民主制度的过渡缺乏坚实的物质基础，并且很大程度上依赖来自美国的扶持；二是韩国建国初期的民主制度是在美国的扶持建立的，从美国移植过来的民主与韩国的国情并不能实现有效契合；三是该制度自身并没有经过自我革命，其自我完善的机制也存在欠缺。

第二章

威权政治体制时期

1961年5月，朴正熙发动军事政变取代张勉政府，并着手建立由军人掌权的威权政府。这种威权政治体制的最大特征在于权力集中于某个单一领导或一小部分精英手中。而这一时期韩国的腐败与威权主义政治的特征有着密切的关系。

第一节　威权政府的绝对权力导致腐败

荀子曰："人生而有欲。"欲望虽是不可以去除，但却是可以节制的，只是这种节制较为困难。英国历史学家约翰·达尔伯格—阿克顿（John Dalberg-Acton）曾说："只要条件允许，每个人都喜欢得到更多的权力，并且没有任何人愿意投票赞成通过一项旨在要求个人克制的条例。"[①]《论法的精神》中有过这样的表述："一切有权力的人都容易滥用权力，这是万古不易的一条经验。有权力的人们使用权力时直到遇到有界限的地方才休止。"[②]人类的欲望是很难控制的，而权力的行使带有很强的主观性，这就使得权力有了自我扩张的倾向，而腐败也正是人

---

① 达尔伯格——阿克顿.自由与权力［M］.侯健，范亚峰，译. 北京：商务印书馆，2001：343.
② 孟德斯鸠.论法的精神：上册［M］.张雁深，译. 北京：商务印书馆，1987：154.

类欲望无度造成的。公共权力的腐败就是公共权力的异化，这种异化除掌权者自身的原因之外，还与权力拥有的特性有关。

首先，公共权力具有强制性，这种强制性体现为影响、控制与支配他人的权力。这种强制性表现为无论他人是否愿意都必须服从，如果不服从则会受到惩罚。其次，公共权力具有稀缺性。无论是何种社会体制，权力的分配都不会是均匀的，总是掌握在少部分人或者个别人手中。这种特质一方面使得掌权者拥有绝对的权力，为后期的权力寻租埋下隐患；另一方面也增加了竞逐公职者的成本，从而必然助长其收益性。① 最后，公共权力具有支配性，这种支配性是以公共权力的强制性为后盾的。在正常情况下，国家公民作为公共权力的作用对象往往只有被动选择接受公共权力的"权利"。公共权力的这种特性使得其成为各方博弈的焦点，而权力一旦被不正常地使用，就会出现权力异化，随之发生腐败的概率也会增加。

除此之外，公共权力的绝对化又为权力的异化提供了方便。"绝对权力"一般具有三种特征：其一，大权在握，体制趋向集权化；其二，随意性较大；其三，对于权力的实质性监督较少。这种权力的绝对化可能会出现以下几种问题：首先，权力系统的派系化，即权力体系内部出现拉帮结派的现象。一方面，拥有"绝对权力"的威权政府拥有"组阁权"，在政府组阁时很容易产生任人唯亲的现象；另一方面，绝对权力持有者的家族、权力、金钱、人情交织在一起②，很容易分为"自己人"和"外人"。其次，非掌权者奴化，即非权力拥有者为了生存或者获得优惠的生存条件不得不依附于权力持有者，这样的情况在韩国威权政治体制下表现得十分明显。在韩国威权政治体制下绝对权力导致的贪污腐化的问题较为严重，而且体制外缺少对应的监督和制约，

---

① 樊建政.绝对权力绝对导致腐败［J］.行政与法，2009（6）：13.

② 樊建政.绝对权力绝对导致腐败［J］.行政与法，2009（6）：13.

使得韩国政府腐败现象丛生。总之，公共权力存在的本身并不是导致腐败的根源，而是公共权力的特性与权力持有者对权力的渴望和滥用这二者之间的矛盾总是无法得到妥善的解决导致的。

与此同时，威权政府自身也存在着合法性危机。威权政府统治的基础在于民心，而获得民心最基础的要求就是在经济方面满足群众的基本要求。当国家的经济得到长期稳定的发展之后，威权政体对群众来说就不是必要的存在了，民众开始更多地关注自身权利的实现，使得整个社会开始出现了向民主转型的倾向和基础。① 而这种向民主的转型在一定程度上威胁着威权政治体制本身的统治。因此，为了维护威权政体，威权政府依赖集权的政府和官僚体系加强对国家社会的全面控制。当权者们也会适当地利用腐败，尤其是日益失去统治合法性的政府，求助于各个财阀集团，向其贿赂或者提供政治便利，通过放弃它仍然可能具备的资源（财富和各种随意的法律强迫权）来努力支撑它所不具备的资源（合法性或民意支持）。② 威权政体从本质上看是政府集权，但是其也要披着民主的外衣，尤其是通过选民选举来维持民主的形式。独裁统治者为了争取选民的选票，在投入大量金钱的同时接受来自企业的政治献金，这些政治资金的去向很难查明。这种腐败现象的滋生会在一定程度上使威权政府丧失民意基础，影响其执政根基，而反腐就成了政府赢取民心和提升政治合法性的必要手段。但是随着反腐行为的深入又会打击到威权政府的权力集中性，引发政权的合法性危机并进一步催生政治转型的动力。③ 因此，这种存在于威权政体内部的结构性矛盾，使得历届威权政府的反腐行动都无法深入的推进，反腐的实际效果也是十分有限。

---

① 毛寿龙.政治社会学［M］.北京：中国社会科学出版社，2001：145.

② 雷雨，王刚.韩国腐败与反腐败的政治透视［J］.东北亚论坛，1999（1）：18.

③ 张亚龙.韩国威权政治体制时期的腐败现象分析［D］.北京：外交学院，2017：26.

第二节　政府主导型经济体制诱发腐败

20世纪60年代初期，韩国自然资源极其匮乏，整个朝鲜半岛的工业资源几乎都集中在朝鲜，这使得李承晚政权面临着来自朝鲜政治经济军事全面领先和政权颠覆的威胁。于是，他制定了"先统一，后发展"的战略，这使得韩国社会经济的发展毫无起色，而掌握着权力的政府官员则可以利用手中权力进行以权谋私的自利行为，富有的企业和个人则利用手中资源谋求政治福利，这种情况使得韩国社会两极分化严重，腐败丛生。在这种背景下，朴正熙发动军事政变上台后，一改李承晚政权的战略目标，将政府工作的重点转移到发展国家经济的层面上来，从而使得韩国形成了"政府主导型"的经济发展模式。这种经济发展模式的主要特征在于在国家经济运行过程中政府充分发挥"定向"和"导向"的作用。具体来看，主要表现在四方面：第一，政府制定经济发展战略，韩国政府20世纪60年代中期提出了"出口主导型"经济开发战略；20世纪70年代提出"重化工业化"的发展战略；20世纪80年代又提出"科技立国"的经济发展战略，这些发展战略规划了韩国经济的主要发展方向。第二，经济决策全部集中于中央政府，政府首脑直接干预经济。韩国政府设立"经济企划院"，主要负责策划、制定和推行中短期的经济发展政策，其中，总统、总理等关键人物的个人意见对其决策有着重大的影响。第三，政府控制整个银行系统并增设大量的经济职能部门。政府可以直接任免银行的行长，从而影响银行的信贷和资金流向。同时政府有着全国商业银行的主要股份，这使得政府在制定银行业的储蓄和信贷利率方面有着绝对的话语权。与此同时，政府大量增设经济职能部门，细化经济资源的控制权。有数据统计，到1967年时，韩国政府经济职能部门从李承晚时期的44个陡增至295个。① 政府的各经济职能部门拥有着经济资源的管理与分配的实际控制权，如工业执照与生产许可证、技术许可与扶植、投资与贷款、进出口补贴等。② 一些著名的大企业，如三星、现代、大宇等集团，其发展和壮大都得益于政府的福利优惠政策。而各大企业为争得资源的优先分配权，也争相向各级政府官员行贿，"权钱交易"由此产生。第四，政府控制着一些商业公司及其在整个行业中的份额。比如，政府控制着烟草、人参的生产与销售，主要的广播电视网络、铁路、邮政与其他公共设施以及电力公司、韩石油公司等。

韩国在这种威权政府主导型经济发展模式下实现了经济的腾飞。20世纪70年代的年均增长率达到了8.89%，20世纪80年代的增长率达到了8.34%，其中1986—1988年更是达到了12%~13%。1991年与1962年相比，韩国国民生产总值由23亿美元增至2808亿美元，增长了122倍，进出口贸易额由4.77亿美元增至1535亿美元，人均收入由87美元增至6498美元，增长了74.6倍。③ 韩国用30多年时间实现了从世界最贫穷的国家之一发展为全球富国俱乐部——经济发展与合作组织成员国之一。但政府主导型经济发展模式在创造了韩国经济上的"汉江奇迹"的同时，也使得韩国产生了严重的腐败问题。

"不同国家的历史经验证明，政治权力一旦与经济挂钩，就会产生腐败，而腐败的严重程度与政治权力的介入程度是成正比的。"④ 韩国经济的起飞在很大程度上归功于政府的规划、主导和控制，但这种

---

① 杨建国.韩国官员财产申报法制化路径分析与经验启示［J］.东北亚论坛，2013，22（4）：107–119，129.

② 孙晓翔，刘金源.韩国现代化进程中的腐败问题［J］.东北亚论坛，2010，19（1）：34.

③ 董向荣.韩国［M］.北京：社会科学文献出版社，2003：143.

④ 麦凯尔，艾里特奥."好处费"腐蚀着世界［J］.陈伟华，译.编译参考，1995（6）：65.

发展模式也是一种丧失市场竞争弹性的发展模式。企业的发展和获得的优惠更多的是建立在与政府人员之间的权钱交易和人情往来的基础上，这在一定程度上给腐败滋生提供了温床。由于政府在国家经济发展过程中的主导、决定性作用，企业为了获得政府的支持和政策的优惠，纷纷自发地向掌权者提供"政治租金"。此外，由于政府掌控全国的银行信贷系统，企业如果想获得低息贷款，就必须与政府建立良好关系。在当时，"韩国的银行存款利率为25%~30%，而贷款利息仅为5%~6%"[①]。这样一种优惠使得企业家积极主动地与官员拉近关系，权钱交易成为一种最直接有效的方式。因此，在政府主导型经济发展模式下，政企之间的权钱交易造就腐败的现象十分严重。

第三节　威权政治体制的过渡性引发腐败

威权政体是处于传统政体向现代政体过渡时期的转型阶段。[②] 这种过渡是指传统农业社会向现代工业社会、集权文化向民主文化、传统价值观念向现代价值观念的过渡，从这一视角出发，过渡时期的威权政体带来的腐败现象是不可避免的。

一、传统的社会结构宗族亲属观念影响深远

韩国传统的社会结构与中国传统的社会结构是相似的，都是以宗族的形式进行构建的。社会上层一般是由几大家族的宗族组成，下层民众则生活在不同的村落中，各自不同的村落归属于一个相同的氏族。

---

① 任晓.韩国经济发展的政治分析［M］.上海：人民出版社，1995：2-4.

② CHUNG K C. Korea：The Third Republic［M］.New York：The Macmillan Co.，1971：23.

因此，在这种社会结构下，连接社会的纽带是亲属关系、裙带关系或者地域关系。在建国初期，韩国采取了美式民主，但传统的社会结构并不会因为政体的改变而迅速地发生变化。另外，在韩国威权政体下，大众媒体被取缔或被监管，再加之韩国政党制度起步较晚，使得政党逐渐沦为选举的工具，并不能真正成为民意的代言人。可以说此时的下层民众是被社会上层排斥在政治参与之外的，而在韩国建国初期的几届总统的主要任务是维护政权的稳定，这种稳定的社会结构也在一定程度上符合掌权者的意图，维持着韩国社会的稳定。这种传统的社会结构在弥补当权政治结构缺陷的同时，阻断了个人在集体中的表达。这种弊端反映在政治经济层面就表现为严重的腐败，即通过人情往来解决社会政治生活中的各种问题。

二、薄弱的社会反腐意识与官本位思想

韩国民众长期处于封建等级社会中，国家政治体制虽然改变了，但民众对政府、对官员的敬畏和服从心理在短期内并不能被完全消除。在传统社会，"公务人员对家庭、朋友以及同僚的忠诚压倒了对国家的忠诚"。个人在取得权势之后，为家庭或者家族谋利被认为是常见和正常的，反之，则会被认为是"六亲不认"。这种观念在现代化后的较长一段时间内依旧发挥作用，因此当时的民众对于官员或社会的腐败仍然具有极强的容忍度。首先，在威权体制下的韩国民众的观念中，"清廉"的官员大多是生活方式简朴，处理案件时公正，对官员其他层面的要求并没有十分严格。其次，传统的"官本位"思想使民众崇拜权力，收受贿赂、拉近关系甚至被视为个人能力的体现。[①] 除此之外，威权政体对于大众传媒的严格监管，在一定程度上阻碍了民主权益的表达，引发群众普遍不满。

---

① 　张亚龙.韩国威权政治体制时期的腐败现象分析［D］.北京：外交学院，2017：26.

因此，在这一时期民众最主要的诉求在于追求民权，而非反腐。即使民众偶有反腐的呼声，也是作为争取民权的理由提出的。最后，由于韩国前几任总统的反腐成效甚微，使得民众对于政府再次反腐行动更多的是一种不信任。在当时大多数韩国民众看来，政府反腐不过是一种旨在清除异己、巩固政权的政治运动。在这样的心态下，民众对于政府重新发起的反腐行动也不会全力支持，而民众自身也很少自发地对官员腐败行为进行监督和检举，这种薄弱的反腐意识也在一定程度上间接助长了韩国官僚体系中的腐败风气。

三、过渡时期政治体系的不完善

首先，过渡时期的政府官员在一定程度上遵循传统社会的治理经验，并不适应各种规章制度的束缚，虽强调法治化的治理，但这种精神并未使管理层内化到行动中，政府高层人员仍然很容易依据个人喜好和直观判断做出政治决定。其次，过渡时期的法规以及金融体制并不完善，存在滞后性，因而过渡时期的政权也会在一定程度上延长相关制度的更新周期。一方面，制度更新必然会受到现存制度受益者的阻碍，他们利用手中资源牵制新制度的出台；另一方面，他们对于现存制存在的漏洞更为清晰了解，一部分官员可能在利益的驱动下，利用现有机制的漏洞谋取私利，腐败逐渐泛滥。

第三章

多元民主体制时期

第一节 "地域主义"与儒家政治文化的影响

当前韩国存在的地域主义主要起源于威权体制下朴正熙政府对湖南地区的歧视，即全罗南北道、光州地区。朴正熙政府及之后的全斗焕政府对湖南地区在经济和政治方面采取的歧视政策，给韩国造成了地区间发展不平衡的严重问题。[①]在这种地域主义思想的影响下，韩国被划分成了三个主要的地域圈：湖南、忠清和岭南。从某一地域选举胜出的政治家必然会在上台之后对其故乡以及其所属政党的传统票仓地区实行政策的倾斜和优惠，而这样的做法在获得传统票仓民众更加忠心的同时，也加剧了不同地域之间的矛盾与歧视。例如，韩国前总统朴槿惠，她的上台很大一部分是利用其父亲当年的声誉和其故乡岭南地区的大力支持。这种总统与地域之间的密切联系是总统腐败滋生的土壤。这种情况在总统选举、国会与地方选举等各种制度中都有体现。与此同时，来自不同地域的政治家为赢得选举也会有联合的可能，例如，1992年总统选举中来自庆尚北道的金泳三和来自庆尚南道的卢

---

① 解非.论韩国民主转型后总统腐败缘由［D］.北京：外交学院，2019：30.

泰愚之间的配合①，这种合作为总统的政治腐败提供了充足的空间。

　　政治文化是一个民族在特定时期流行的系统的政治态度、政治信仰、政治情感。政治文化的存在直接影响着政治角色的行为，贯穿于国家发展的过去、现在和未来。从政治文化的视角考察国家政治行为，能清晰洞察其未来动态，发现政治行为内在变化的深层次原因。从历史和现实的多维视角观察审视一国政治文化，能够更加清晰地把握一国政治走向的内在演变趋势。权力腐败作为一种古今有之的政治现象，其出现有其内在的环境文化因素的作用影响。因而分析腐败的产生，就不能脱离对文化因素的考察，分析政治文化与权力腐败之间的联系能够更加立体地认识到现代社会权力腐败产生的根源。

　　不同国家地区的政治文化存在巨大差异，权力腐败产生的根源各不相同。在儒家政治文化盛行的国家，家国一体、家国同构是人们意识深处的共识。在儒家思想中，"家天下"的道德与治国的基本思路就是要以"小家"中的人伦关系为"动力"或"模本"，来成就"大家"之公。但是，这个构成其动力根源的"家"或"私领域"，同时也潜在地导致把"大家"之公纳入自己的"小家"之私中，因为这种做法内在地抹去了"大家"跟"小家"的区别。②可以说，相比西方的"公—民"社会，中国依然是一个人情社会。它的好处是有人情味，坏处是公私不分。公私不分导致的不只是相关个人利益的分配不公正，还会进一步造成社会资源尤其是人力资源的浪费，因为这种局面导致很多人将精力放在打点关系、建构所谓的"人脉"上，而不是脚踏实地地做事

---

① 尹保云.民主与本土文化：韩国威权主义时期的政治发展［M］.北京：人民出版社，2010：315.
② 蔡祥元.儒家"家天下"的思想困境与现代出路：与陈来先生商榷公私德之辨［J］.文史哲，2020（3）：8.

情。① 传统文化背景决定了东方社会反腐败治理的难度，在东方社会，强化公私意识、明确公私关系对于反腐败工作非常重要，不能让人情风影响政务决定和判断。家国观念的现实存在使得后发外生型现代化国家必须及时清除官僚体系中的家长观念，明确公权公器的边界，严格防范执掌权力的人像处理家庭事务一样处理政务和公共财产。此外，在东方社会，阶层观念根深蒂固，君贵臣轻、官尊民卑的心理是民族普遍的心理。传统的东方社会有严格的金字塔式等级制度，官僚体系下是如同散沙的民众阶层，社会的上层掌握着绝对优势的资源，拥有最突出的声望和权威，民众在长期和官僚体系的接触磨合过程中逐渐形成了臣服事大的消极心理，民众阶层对官僚体系逆来顺受，认为尊贵的人理应享受比普通民众更优势的生活，对于上层的腐败民众认为无关己事从不关心，并且争相通过仕举选拔进入官僚体系。传统稳定的阶层观念给腐败提供了便利，来自民间的监督并不强烈，使得腐败面对的阳光并不算刺眼，权力与财富的转化往往在半公开的背景下进行，不能不说是传统文化的强大惯性使得此类怪象得以发生。

第二节 财阀经济的弊端

韩国经济在很大程度上依赖于财阀，因此韩国经济也被称之为"财阀经济"。韩国第一批财阀成长于李承晚政府时期，发展于朴正熙政府时期。韩国财阀有着以下几个鲜明的特点：其一，韩国财阀受益于韩国

---

① 蔡祥元.儒家"家天下"的思想困境与现代出路：与陈来先生商榷公私德之辨［J］.文史哲，2020（3）：9.

国家规模,具有快速发展成长的先天优势。① 由于韩国市场规模小,建国初期其市场经济规则并不完善,使得规模较小的企业无论是在资金还是规模方面无法与实力雄厚的大企业进行公平竞争。而这些大企业除自身实力较强外,利用与政府之间的亲密关系更是获得小企业望尘莫及的优惠及扶植政策,这使得大企业不断发展兼并,走向垄断的道路。其二,财阀以政府为强大"靠山"。② 韩国的财阀是在市场经济发展不完善以及政府强有力的扶植和优惠政策下形成的,带有浓厚的政治色彩。在韩国经济发展初期,韩国政府面临着政治经济的混乱局面,试图通过重点扶植几个大型企业来维持国家社会经济的良好运行秩序。因此,韩国政府从一开始就采取了重点扶植某些企业的经济政策。而企业对于政府的干预也并不反感,甚至是愿意听命于政府。韩国财阀通常是生产性的大公司,融资能力较差,政府掌握的资金与贷款就成为韩国财阀的生命线。③ 此外,在国家政策的庇护下,韩国的企业也很少受到来自世界市场同类商品的竞争。例如,在韩国加入关税及贸易总协定(General Agreement on Tariffs and Trade,GATT)之后,韩国对于政府扶持的相关行业保留了高额关税和各种非关税的保护政策,加强对于其国内市场的保护。据统计,很长一段时期内,韩国关税的收入占到了全国税收总额的10%~15%,足以证明政府对于其国内企业的保护。

而这种对于企业的扶持和保护形成的政企之间的亲密关系导致的政企不分,极其容易造成官商勾结和社会腐败。这种现象造成整个韩

---

① 陈海滢.“韩国病”的政治解读:韩国现代化进程中的反腐败研究［M］.北京:中国社会科学出版社,2015:61.

② 陈海滢.“韩国病”的政治解读:韩国现代化进程中的反腐败研究［M］.北京:中国社会科学出版社,2015:61.

③ 陈海滢.“韩国病”的政治解读:韩国现代化进程中的反腐败研究［M］.北京:中国社会科学出版社,2015:60.

国社会陷入循环的怪圈，即财阀在政府的支持下，规模越来越大，垄断态势巩固，其对整个韩国社会的影响也会随之加大。在这种强大的影响力的作用下，政府不能随意对企业进行整改，甚至在其面临资金短缺或者破产威胁时，政府还要积极给予紧急援助和保护，这种怪圈使得韩国社会的政企不分现象越来越严重。金融机构按照政府官员的意见贷款给财阀，财阀再把部分利益返还给这些官员，从而导致官商勾结的腐败愈演愈烈。

第三节　选举政治的腐败

在韩国民主化的进程中，政党和选举活动日益频繁，政党的经费支出不断增加，政治家腐败和政党腐败已经成为韩国在政治民主化过程中发生腐败的主要表现形式。[①] 在多元民主体制下，选举是政治的核心。因此，腐败案件通常是在选举过程中被暴露出来，韩国自1961年朴正熙政府时期开始的腐败现象中，以总统及其亲属腐败的状况居多。造成总统及其身边人腐败严重的原因主要有以下几方面：其一，现有的权力结构使总统大权在握。在韩国的权力结构中，总统在政府部门中的权力处于绝对的优势地位，其对国家重要人事任命，例如，宪法法官、大法官、国务委员等都享有任免权。这样的权力既有可能使得总统很容易主导人事安排，任用亲信，又有可能使得总统干预司法，"暗箱操作"等。而与总统权力的一家独大相对应的却是缺乏对其权力进行有效的制约。在韩国的权力结构中，总理听命于总统，国会对于总统的限制有限，对于总统权力的制约，只有国会启动弹劾程序。但

---

① 解非.论韩国民主转型后总统腐败的缘由［D］.北京：外交学院，2019：21.

是韩国国会要通过总统弹劾动议案并不容易，并且国会表决通过后，还要由韩国宪法法院的宪法法庭组成审判庭，由九位法官合议做出最终判决。而按照韩国宪法的规定，宪法法院的大法官由总统任命。[①] 其二，韩国总统素有被家人、亲信和密友拉下水的"传统"，"身边人干政"可以说是悬挂在青瓦台上方的达摩克利斯之剑。[②] 很多总统自身虽是清廉但总会受到身边人的拖累。1993年上台的金泳三总统，出台《阳光法案》后率先公布家族的财产，并号召政府官员公布自己的个人财产，接受公众的监督。[③] 这样的做法为其在社会上赢得了广泛的赞誉，但他的儿子却在1997年因在韩宝集团借贷丑闻中受贿和逃税被拘捕判刑。金泳三虽未阻止对其子的抓捕，但其政权的合法性受到严重的质疑。1998年上台的金大中总统，虽然自身廉洁奉公，但他的三个儿子都因涉嫌受贿或逃税而被起诉和拘捕，其身边的亲信更是深陷通过现代集团向朝鲜汇款的丑闻之中。这些丑闻给金大中总统的政治生涯蒙上阴影。2003年上台的卢武铉总统，以反腐为旗帜而赢得选举。但其在任期间，其兄卢建平多次卷入贿赂丑闻中。卢武铉总统表示对家人所为并不知情，但最终于事无补，自杀身亡。其后的李明博总统在其任期内，3名总统亲属、4名总统高级助理和几位前内阁和国营企业的高级官员都与腐败案有所牵扯，李明博总统就亲信腐败曾两次通过全国性电视讲话进行公开的道歉。[④]2013年上台的朴槿惠总统，由于是一位单身女性政治家的良好形象，被认为是最不可能受到身边人拖累的，但在其任期内却被爆出"闺蜜干政"的丑闻。这样的统计使得韩国总统腐败的"身边人魔咒"得到"精准"的验证。总统"身边人"

---

① 孙德魁.韩国政商关系危机的特征、成因及对中国构建新型政商关系的借鉴［J］江苏省社会主义学院学报，2017（5）：58.

② 李文.韩国总统为何难以摆脱"身边人"腐败魔咒［J］.人民论坛，2016（35）：27.

③ 王生，骆文杰.韩国历届政府反腐败治理及借鉴经验［J］.东疆学刊，2019，36（1）：20.

④ 李文.韩国总统为何难以摆脱"身边人"腐败魔咒［J］.人民论坛，2016（35）：27.

滥用权力、贪赃枉法难以受到社会和媒体的监督，具有很强的隐秘性。这种现实不仅要求总统个人洁身自好，还必须要求总统对"身边人"公私分明。

此外，在这一时期韩国政府腐败的另一表现形式是选举腐败与政党腐败。韩国政界选举很多：总统选举、国会议员选举、市和道地方首长选举、地方选举等。[1] 这些选举所需的选举费用高昂并逐年升高（见表3）。虽然，韩国在实现民主转型后，出台了《政治资金法》，其中明确规定了企业对于候选人捐款的限额，并要求将这些捐款的来源与用途明确地记录在案。同时，资金法也允许公营媒体为竞选者刊登一定数量的竞选广告。这种做法是为防止竞选者从企业手中获得过多的非法捐助，形成官商勾结的腐败现象，但仅靠政府的财政资助以及企业有限额的捐款并不能满足选举活动中所需要的巨额花费。于是，企业家和政客便将相关的捐助记录做模糊处理，利用制度的漏洞，"合法"地进行政治献金。企业向政客提供的政治资金名目繁多，企业对自己认可的或者关系密切的候选人提供"总统选举资金"或者称之为企业的"投保"，一旦企业押宝失误，其又会向获胜的候选人送上"祝贺当选金"。这种"献金"进一步加深了官商勾结的腐败现象。随着韩国民主化进程的不断推进，韩国的选举制度也在不断地进行着完善和改革，尤其是通过立法对竞选资金进行了严格的控制，但相关的选举监督机制仍然存在巨大的漏洞。[2] 此外，政府规定的候选人可以接受的选举金额与其实际选举活动所需金额差距仍然巨大，这为企业家们的贿赂留下很大的空间，更为政客与企业家的权钱交易提供了便利条件。

---

① 权宅晟.韩国民主化背景下的腐败现象研究［M］.上海：上海交通大学，2011：96.

② 解非.论韩国民主转型后总统腐败的缘由［D］.北京：外交学院，2019：22.

表3 韩国1981—1997年竞选花费金额 [1]

竞选活动	非官方估计的花费金额 / 韩元
1981年国民议会选举	2000亿~3000亿
1985年国民议会选举	2000亿~3000亿
1987年总统选举	4430亿
1988年国民议会选举	4000亿~5000亿
1992年总统选举	2万亿
1992年国民议会选举	1万亿
1996年国民议会选举	超1万亿
1997年总统选举	2万亿

　　马克斯·韦伯依据政党组织发展过程中的差异，将政党分为大众型政党和名士型政党。[2] 名士型政党是指由少数特定人物为中心组建的政党组织。韩国政党是典型的名士型政党，是根据地缘、血缘和学缘形成的个人本位的组织[3]，并围绕着某个中心人物建立、发展的。韩国政党在卢泰愚总统发表"八点民主化宣言"后逐渐走向正常化发展的道路，政党政治的发展在提高公民政治参与度与公民政治意识的同时，也增加了政党之间的竞争和其投入的政治成本。政党为赢得选举，纷纷增加其投入资金，甚至出现花钱雇群众参加群众大会的现象。据统计，1987年总统选举花费的金额占据了当年国家预算的1/15以上，足以显示政党选举耗费资金的巨大。一般来说，执政党的资金主要来自大企业的捐助，反对派的资金则依赖于捐款和秘密献金。选举花费资

---

① 康灿雄.裙带资本主义：韩国和菲律宾的腐败与发展［M］.李巍，石岩，王寅，译.上海：上海人民出版社，2017：155.

② 郑继永.韩国政党体系变迁动因与模式研究［D］.上海：复旦大学，2007：96.

③ 解非.论韩国民主转型后总统腐败的缘由［D］.北京：外交学院，2019：23.

金的巨大程度对应的却是韩国政党组织发展的不完善和政党经费管理
的不到位。首先，政党财政开支的公开情况不透明，并且这种开支只
掌握在少数人手中，党员对于经费的具体使用并不了解，更不用说普
通群众。其次，执政党与反对党间的不公平竞争。执政党依靠其优势，
可以获得来自大财阀的大量资金，而反对党处于劣势，必不可少的会
产生秘密的"政治献金"。最后，政党组织的制度化程度低，韩国的民
主制度虽然经过30多年的发展，各项制度已趋于完善，但政党体系尤
其是政党经费管理制度和政党监督机制仍然需要完善。

第三篇 **03**

| 李承晚政府时期的腐败治理 |

韩国在摆脱日本殖民统治之后并没有建立起自主政权，而是开始了美国的军事占领和民主移植，美国为韩国所建构的一套宪政模式缺乏民族国家内生的对于民主政治的主动认同，因而在李承晚政府时期，韩国虽有宪政之表，却无宪政之实。强大的封建传统在韩国仍然表现出巨大的政治惯性，独裁专制成为主导李承晚政府时期政治状况的主要特征，政治腐败在宪政的掩盖下暗潮涌动。

第一章

李承晚的反腐败起步

　　韩国的独立并未带来真正的自由，李承晚作为韩国的开国总统凭借依附外交使韩国实现了独立，摆脱了日本的殖民统治。他不相信本国的力量，将国家和民族的独立寄托于美国身上，甚至让渡了国家的利益来换取美国的声援和支持。虽然实现了独立，但却没能形成一个全民族的整体精神，软弱的依附外交换来的是成为美苏争霸的棋子。

　　李承晚出身朝鲜王朝王族全州李氏，是朝鲜太宗李芳远的长子。虽然到他这一代已经成为没落的两班，但拥有在美国普林斯顿大学、哈佛大学、华盛顿大学求学经历的李承晚成为美国物色的政治工具人选。在美国的影响下，韩国建国后引进了西方民主主义的政治价值体系，确立了立法、行政、司法三权分立的民主政治制度，但出身于宗室贵族且自命不凡的李承晚却将恢复封建王朝作为奋斗一生的目标，使得韩国成了穿上民主外衣的"假民主，真专制"国家。西方的民主主义价值观在韩国这片价值观相去甚远的土地上显示出了"水土不服"的"症状"。日本的殖民统治虽然结束，但朝鲜半岛并未迎来和平与统一，而是进入了分裂与对峙的状态。从建国开始一直到朝鲜战争结束，韩国的经济非但没有恢复和发展，反而呈现衰退之象，而李承晚却只把精力放在防范朝鲜威胁和巩固独裁统治上，丝毫不顾及重建和经济社会发展。日遗分子在韩国的社会地位仍然不可撼动，曾是剥削和压迫国民的一分子却在国家独立后依然身居要职。

　　腐败现象在不加控制的外界条件下变得猖獗泛滥，李承晚本人也几乎成了可以同腐败画等号的代名词。其主要表现：首先，任人唯亲取代任人唯贤；他以维护国家安全防止国家分裂为借口，逐步强化总统的行政权而架空国会权力，国会出于报复也使得大量行政案不能通过，整个官僚体系在这种恶性权力斗争下混乱不堪，政治丑闻不断上演，裙带关系盛行。其次，越援助越腐败。日本战败撤出韩国后，美国将遗留下来的日本的战败资本转交给了韩国新政权，希望借此可以奠定韩国自由独立的经济基础，优先分配给国家功臣后的剩余部分在民间进行拍卖，以此巩固李承晚的政权。然而，拍卖的实际过程却充斥着贿赂和私人关系，民间甚至都无法取得拍卖的资格，可以说日本的战败财产和美国的援助成了李承晚政府时期腐败滋生的温床。最后，经济上百无一能。李承晚任期内几乎没有一份较为完整的国家发展计划，食不果腹仍然是独立后的韩国经济现状。美国对韩国的援助使韩国形成了依赖型的经济体制，实现经济自立摆脱贫困变得遥遥无期。

　　李承晚政府执政期间党派竞争激烈，政治生态恶劣，再加之其本身的政治野心，使得其在执政时的主要的政治目标是将更多的精力用于维护个人的独裁统治，而并非恢复和发展国民经济。自私自利的执政初心，再加上日遗美援大量物资分配权的拥有，为掌权的韩国官员腐败制造了机会，官员相继以权谋利，形成权钱交易的腐败局面。有学者这样描述李承晚政府时期的腐败现象："旧李朝的一切腐败现象如裙带关系、任人唯亲、捧上压下、满口政治道德口号而工作无能等，都可以在李承晚政府的各级官僚机构中找到。"[1] 因此，通常将腐败与低效作为李承晚政权的代名词。

　　在李承晚政府政治腐败兴盛的同时，其反腐败工作也开始起步。如在1950年，韩国政府发表了《公职伦理确定宣言》，内容包括廉政、

---

　　[1]　尹保云.韩国为什么成功：朴正熙政权与韩国现代化［M］.北京：文津出版社，1993：45.

公正等内容，还设立了如审计院监察委员会等独立监察机关。[①] 在1950年年末，为了有效预防公务员腐败，韩国采取了提高公务员工资待遇的措施。为清除政府体系中的亲日人员，韩国制定了《反民族行为处罚法》，设立了执行机构"反特委"。但是，李承晚政权实际上并不能从根本上清除腐败，其反腐败政策很难得到实施。在李承晚政府后期，其将主要精力放在谋求总统连任甚至想要实现总统终身制上。为此，李承晚大动干戈，一方面要求公职人员为其投票，另一方面恫吓选民，甚至制造出"四舍五入改宪"的丑闻。[②] 民众积压已久的对李承晚政府腐败的不满和怨愤在4月19日这一天爆发，以学生为主体的示威游行，遭到了总统府警卫部队的武力镇压，导致186人死亡，6000多人受伤，政府的暴行引发了全国性的暴动，心力交瘁的李承晚辞职，12年的专制政权一朝被瓦解，最终第一共和国以李承晚流亡国外为结局落下了帷幕。

---

① 任勇.韩国反腐败进程及其经验［J］.国际资料信息，2007（4）：9.

② 陈海滢."韩国病"的政治解读：韩国现代化进程中的反腐败研究［M］.北京：中国社会科学出版社，2015：29.

第二章

《公职伦理确定宣言》与《反民族行为处罚法》

在李承晚执政时期颁布了一系列加强统治的法令，如1948年8月19日颁布的以审判恶劣亲日分子罪行为主要内容的《反民族行为处罚法》。同年10月，国会根据《反民族行为处罚法》设立了国会反民族行为特别调查委员会（反特委）并成立了由法官和检察官组成的特别裁判部以及道和郡的调查部。① 特别调查委员会在1949年正式开始工作，在民众的强烈要求之下，委员会逮捕了"韩奸"朴兴植，随后其他的亲日分子，例如，崔南善、崔麟等人也落入法网。但同时这样的行动也引起了以警察机构作为统治基础的李承晚本人、以及政府内部亲日分子的严重不满。例如，韩国高级亲日警察崔兰洙、洪宅喜等人一只在策划排除异己，绑架、甚至谋杀反对亲日的主要政府官员。警察局当局曾向职业杀手白民泰提供资金、手枪与手榴弹，要他刺杀反民族行为特别调查委员会（简称反特委）委员长金尚德、特别检查长官权承列等15名官员。后来由于白民泰自首，此阴谋宣告失败。此后，这批参与谋杀的官员也先后被逮捕。该事件后，李承晚发表谈话声称整肃亲日分子的反特委已经"扰乱"社会治安，向其施加压力。但国会与反特委也并未屈服。在美军撤退之后，李承晚与国会和反特委之间的矛盾表面化，随后即策划发起"六月攻势"，在此次攻势中，警察机构一方面以"违反国家保安法"逮捕支持查处亲日分子的国会议员；

---

① 曹中屏，张琏瑰.当代韩国史（1945—2000）[M].天津：南开大学出版社，2005：79.

另一方面又攻击反特委是"共产主义的巢穴"。^①以"六月攻势"为契机，国会内部支持现政府的右翼势力明显增加。因此，1949年，亲李势力组建大韩国民党，成为国会中的第一大党。但国会内部斗争并未结束，1950年恢复影响的民主国民党在国会内的议席增加至79席，超过大韩国民党成为第一大党。同年5月30日，国会进行大选。这次大选改变了执政的大韩国民党与在野的民主国民党之间的对峙局面，形成大韩国民党与民主国民党联合保守势力与社会党与民族自主联盟等革新势力竞争的格局。^②最终的结果是支持李承晚政权的右翼势力和在野的民主国民党在国会中的席位都有所减少，而主张中间路线的势力却有了明显的提升。于是，在韩国国会中李承晚政权与在野党对抗的同时，也出现了民主国民党的保守势力与革新势力之间对抗的局面。这种情况极大地削弱了执政党的地位与权力，使得李承晚政权感到深深的不安。

1950年，韩国政府发表了《公职伦理确定宣言》，内容包括廉政、公正等内容。此外，还设立了审计院和监察委员会这样的独立监察机关。审计监察院既是韩国的最高审计机关，又是其最高国家行政监察机关。20世纪60年代以前，韩国的审计和监察职能是分开的，分别设有审计院和监察委员会。1963年，韩国将二者合并，成立了审计监察院，具有审计和监察的双重职能。在审计职能方面，其有权审查国家的财政收支，并对各级政府机构和官员的经济行为进行监督，在监察职能方面，有权对除国会和法院以外的各级政府机构和官员进行监督。审计监察院直属于总统，向总统负责并报告工作，但其行使职能时却是独立于总统之外的。^③《公职伦理确定宣言》寄希望于提升公务员的

---

① 曹中屏，张琏瑰.当代韩国史（1945—2000）[M].天津：南开大学出版社，2005：80.

② 曹中屏，张琏瑰.当代韩国史（1945—2000）[M].天津：南开大学出版社，2005：81.

③ 杨正良.韩国的审计监察院[J].财会月刊，1993（5）：48.

道德，以道德约束其行为减少腐败。但在李承晚政府时期，腐败现象积重难返，宣言所发挥的作用有限。但《公职伦理确定宣言》为之后全斗焕政府1981年的《公职人员伦理法》奠定了基础。《公职人员伦理法》在以道德约束官员行为的同时，也要求公职人员必须进行财产等级、礼物申报，并对公职者的兼职、就业等进行限制，此举是为防止公职人员接受商业贿赂。1982年，全斗焕政府又配套推出了《公职人员伦理法施行令》，即财产登记制度的阶段性实施方案和登记内容的非公开原则，以尽量减少财产申报制度实施所产生的副作用。

李承晚政权的反腐败行动是出于一定的社会压力和巩固政权的心理，在其执政期间，韩国在经济上严重依赖于美国的援助，经济发展方面并未有很好的起色。但其在政治斗争方面却搞得如火如荼，李承晚政府在要求实现"国家统一"的幌子下藏着的是其巩固自身的统治地位和寻求连任的野心。虽然政府设立了总统直属的审计院和监察委员会等反腐机构，但这些机构形同虚设，并未实现真正的运作。与此同时，李承晚政府权力没有得到有效的制约，而拥有权力的官员又缺乏道德约束，使得当权者唯利是图，腐败横行。

第三章

张勉政府的反腐败举措

4·19革命发生之后,李承晚政权垮台。李承晚政府的腐败关键在于缺乏民主的有效制约,因此打着民主旗帜的以张勉为首的民主党上台执政。民主党对民主制度的建设十分关注,在改革议会内阁制的修宪以及组建责任制政府上付出了不少的精力。① 张勉政府针对李承晚政权的腐败提出从削弱总统权力,加强议会的权力,改变李承晚政府时期总统权力过大的问题着手。其通过的新宪法规定,实行二元制的国家结构,总统成为国家象征性的元首,没有一般行政权力,只拥有法院法官的任命权和对戒严令的否决权等,总统对于内阁有一定的制约作用,但行政权掌握在内阁手中。与此同时,张勉政府还扩大了公民的权利,尤其是其取消了第一共和国时期对公民言论、出版、集会等基本权利的限制。针对第一共和国留下的烂摊子,张勉政府还公布实施了《不正当选举关联者处罚法案》《反民族行为者公民权制限法案》《不正当蓄财特别处理法案》来处理李承晚选举的腐败事件。

但张勉政府也被权力斗争时时困扰,尤其是针对执政的民主党内部权力分配问题——新旧两派斗争激烈。在张勉上台后,其声称要组建新旧党派和无党派权力均衡的内阁,但是在实际的官职任免中,席位几乎全部是被新派所占据。党派之间的激烈竞争带来的是内阁的更

---

① 陈海滢 . "韩国病"的政治解读:韩国现代化进程中的反腐败研究 [M].北京:中国社会科学出版社,2015:32-33.

选，在很短的时间内张勉曾三次组阁，各党派及其内部之间讨价还价。国会更是成了更换和分配职位的机关，没有人关注社会政策的通过。例如，张勉曾提出想要通过实行财产登记制度遏制腐败，该法案要求公务员登记财产，范围主要是行政部门二级以上的公务员以及配偶和同一直系亲属，登记项目包括有关房地产以及50万韩元以上的动产和债券、债务等。[①] 但该法案不久就被国会所否决了。这样激烈的党派斗争严重地削弱了政权的稳定，并影响重要政策的通过与实施，使得张勉在其任职期间通过的一系列法案在实际执行过程中都大打折扣。曾经泛滥于李承晚政权时期的腐败现象，在张勉政府时期并未得到改善，甚至在1961年，媒体曝光民主党与韩国钨公司之间的腐败现象，此事件更是震惊全国，打着民主旗号上台的民主党最终也避免不了以权谋利的腐败。

---

① 任勇.韩国反腐败进程及其经验［J］.国际资料信息，2007（4）：9.

第四篇

04

| 朴正熙总统的铁腕惩贪 |

随着韩国政权的更迭，我们可以发现一个规律：每一次政权的更迭都与腐败息息相关，且历任总统竞选之时都承诺将反腐败提上日程，上任之初都将反腐败作为根本任务，利用反腐为手段实现任期内的政治目标，但到最后却又都因不同类型和不同程度的腐败问题而黯然下台。韩国实现民主化进程主要经历了三个阶段：独裁君主制、军政威权制和民主制时期。本篇以有着军人出身背景的朴正熙政府军事政权为研究对象，探究其在处理腐败问题的目的、措施、特点以及存在的漏洞，进一步总结军事政权的背景下腐败产生、发展和治理的规律。

第一章

不破不立
——军政威权体制的建立

　　韩国作为一个传统的人情社会长期受儒教文化的影响，十分重视人际关系和等级制度，在军队中表现得尤为明显。下级不得以任何缘由忤逆上级被认为是理所应当的"礼仪"。在张勉政府的官僚体制内部"几乎所有人都卷入到贪污腐败的行列中，普通人靠人力搬运窃取国家物资，军官用吉普车，而将军们则用卡车搬运"。可见，在军队当中高级将领的极度腐败，而下级普通军官却是经济困顿且升迁困难。终于，一名下级军官忍无可忍枪杀了贪污军用物资的上司，他的行为鼓舞了一群正义的、高素质的热血青年军官，随即发动了"整军运动"的请愿活动和"下犯上"的自清运动，但都遭到了不同程度的以"不敬长官"为由的拘留和审判。以这一事件为导火索，中下层军官和上层军官间的冲突不断加深，作为青年军官其中一员的朴正熙暗下决心，悄悄组建领导班子，逐渐形成了一群坚定拥护自己，决心发动军事革命推翻张勉政府的坚实力量。[①] 腐败的李承晚政府和无能的张勉政府使人们意识到了形式上的民主并不能填饱肚子，也不是改变韩国现状的关键因素，大韩民国急需一位强有力的铁腕总统，大刀阔斧地惩贪除恶，集中力量关注人民的生计问题，可以说时势造就了朴正熙。1961年5月16日，朴正熙成功进行军事政变后，向全国人民播报了六条革命公约，

---

① 1961年5月16日军事政变时军事政府的改革公约。

其内容：第一，把反共放在国策第一位，重组并加强至今止于形式和口号的反共体制；第二，遵守联合国宪章，忠实履行国际公约，进一步巩固以美国为首的自由友邦纽带；第三，为了扫清这个国家社会的腐败恶疾，纠正颓废的国民道义和民族精神，弘扬新风气；第四，尽快解决在饥饿线上挣扎的民生疾苦，全力重建国家自主经济；第五，为了实现民族夙愿——祖国统一，全力培养能够对抗共产主义的实力；第六，我们将做好准备，一旦完成这些任务，随时把政权交给崭新、有良知的政治家，军队将回归本位，履行本职任务。① 其中，第三条和第四条表明了朴正熙政府整治腐败和振兴经济的目标，将反腐和振兴放在了实现国家统一大业的前面，这是作为与李承晚时期"不统一，不发展"的对立政策产物而出现，以此来表达自己对腐败的痛恨并向人民群众表明坚定反腐的决心和实现经济腾飞的理想。自此，年轻军人朴正熙建立了韩国历史上的第三共和国时期，并连任第四共和国总统，开启了以高度集权为特点，主宰社会运行，排斥民主参与的军政威权时代，也开启了以出口导向型经济为主的经济高速发展的时代，同时也在真正意义上开启了韩国与反腐问题做抗争的历程。

---

① 赵甲济.总统：朴正熙传［M］.李圣权，译.南京：江苏文艺出版社，2013：30.

第二章

大刀阔斧
——肃清确立新政治秩序

上任伊始，朴正熙就把反腐败作为其主张的社会发展目标的重要部分来施行。为什么朴正熙上任之初就致力于进行反腐活动呢？总结来看主要出于三方面的原因：首先是农民出身的朴正熙本人对腐败的憎恶；其次是以反腐败的名义肃清反对势力，来稳定军事政变后的政局，取得国民信任；最后是通过没收腐败官员的不当蓄财，集中力量发展韩国经济，为实现"现代化韩国"铺平道路。因此，朴正熙在就任初期进行的第一次反腐风暴——政治净化运动中主要采取了一系列举措。

第一节　清理旧官僚系统和治理官场风气

朴正熙政府致力于清除各种类型的腐败，包括官商勾结、收受贿赂、裙带关系、任人唯亲等现象。不仅如此，就连喝咖啡、跳舞、听日本音乐、请家庭教师、打高尔夫球等生活现象也都被视为生活奢侈的腐败行为而一并处理。在这种苛刻的要求和严厉的清算下，军政府揭露出民主党统治时期"任人唯亲事件"高达2300多起。首批打击的官员中，还包括旧政府高级官员、道的长官、将军、大企业主等。逮捕并开除了1.7万名"腐化"官员和2000名"腐败"军官，解雇了3.5万名旧的行政人员。通过关押、流放、外派等途径铲除政治对手，撤换了3300余名有可能对最高权力产生威胁的中高级将领。对旧官僚体系进行彻底换血的同时，启用大批作为当时进步集团代表的军人和专家学者充实政府机关，使得官场风气和国家面貌得到了迅速的转变。由朴正熙本人亲自遴选的上万名亲信军官在国家各种机构任职，接替各级政府部门的领导工作。据统计，中央职能部门内务、外交、财经、交通、文教等83%以上是军人，而且多数是三四十岁上下年富力强的军人，在42个大的国有企业中33个由退伍军人负责。①朴正熙在各级政府机构中大批安插年轻务实、重视知识技术、讲究效率的军人，实现军队精英与技术专家组成的军政技术官僚集团掌握国家实权。以重纪律、高效率、现实主义的军人为主体的"实干政府"最终取代了散漫、腐败、理想主义的政客为主体的"空谈政府"，政坛的全新变化也使"最没发展前景"的韩国焕然一新，逐年步入高速发展的轨道。

第二节　严厉处罚非法敛财者

朴正熙发动军事政变后，军政府以"韩国经济协会"捐给民主党15亿韩元的政治资金为由将其解散。同时公布了《处理非法敛财特别法》，对非法敛财的界定主要包括以下几方面：在处理公共财产和归属财产中牟取暴利的；走私、资本抽逃的；垄断的；在借贷中获取不正当优惠的和其他不正当利益的。宣布逮捕12名官员、5名将军、12名

---

① 陈海莹."韩国病"的政治解读：韩国现代化进程中的反腐败研究［M］.北京：中国社会科学出版社，2015：49-59.

企业家。军政府公布的全韩企业家非法敛财总额400多亿韩元。其中，三星物产的董事长李秉喆非法敛财的数额最大，在20世纪50年代初通过拍卖日本人遗留的工厂、贿赂、逃税、提供政治献金等方法非法敛财101亿韩元。李秉喆在得知事情败露后主动提出将所有财产捐献给国家，其他的企业家为了免除牢狱之灾也纷纷效仿。

但这并非朴正熙的真正意图，在确立了建设现代化韩国的目标后，朴正熙清楚地知道企业的重要性。由于国内当时的资本主义市场还不健全，企业缺乏足够的竞争力，政府完全可以利用财阀的经济力量来带动韩国经济，实现韩国现代化。朴正熙认为与其让这些大企业进行清算撤职、缴纳罚款遭受一些"皮肉伤"，不如让他们建设工厂将股份收缴归于国家，给予他们为国家作贡献将功补过的机会。但是即便经济上对大企业有所期待，朴正熙也不允许大企业操纵政治，利用巨额财富挑战权力，他通过国家力量彻底掌握企业命脉，左右着企业发展的方向。在逮捕违法企业家之后，朴正熙召集其中的10名企业家开会，双方达成了一系列交易。第一，政府将免除对大多数企业家进行有罪检举；第二，商业银行的股份尤为例外，现存财产将不没收；第三，企业家们可通过建立新的基础工业公司，并赠给政府一定股份的办法来偿付应征收的义务。被捕的企业家经过商量成立了"经济重建促进会"。尽管出身贫困的朴正熙痛恨李承晚时期借由裙带关系，收受贿赂对日本"归属财产"以及美国的援助资金处置而发家致富的财阀，但当他身居总统之位时，又不得不统筹大局，认清企业经济的高速增长才能为国家经济增长注入活力，对大企业家的制衡和鼓励同样对实现韩国经济复兴起着至关重要的作用。因此，朴正熙一方面制约大企业家，一方面又利用特惠政策扶持大企业家为实现国家工业化效力，使得财阀成为朴正熙时期为政府效力的得力助手，国家的忠诚公仆。处罚企业非法敛财对韩国的经济发展起到了非常重要的意义，这些罚款帮助韩国实现了第一个五年计划，一定程度上缓和了国民对企业的不满情绪，在缩小贫富差距的同时增加了社会安定。

第三节　反腐机制和制度的建立

朴正熙政府大刀阔斧地开展反腐运动，并非仅仅是新官上任三把火，在随后的政治生活中反腐败运动持续进行，并无懈怠的现象，且朴正熙政府随时针对出现的不同腐败问题，采取更加严厉的惩罚举措，致力于建立健全反腐相关的法律法案和机构。

1948年大韩民国成立后，依照宪法设立了最高审计机构——审计院，和最高监察机构——监察委员会，并由总统直接进行领导。审计院主要负责审计中央政府、地方政府、政府投资机构和其他机关，并由监察委员会来监督上述机构及其工作人员。1955年，监察委员会被重新命名为司正委员会并进行了重组，重组后的司正委员会隶属于国家总理。但是两个机构的职能交叉，所以经常重复监察和审计，影响了工作效率。1962年，朴正熙通过宪法修正案，最终于1963年3月24日，两个机构被合并为一个机构，即韩国监察院。其主要职能包括两方面：会计检查和职务监察。在计算国家年度收入和支出后，向总统和国会作出年度报告。在平日里对公务员的职务履行情况进行监察，以期改善、提高行政运行效率及廉政状况。1962年5月，在对新政府的中高级官员进行的第一次监察中，一次性处分了350人。受处分的原因不仅包括贪污受贿，还包括生活奢侈，比如，喝咖啡、跳舞、听日本

音乐、请家庭教师、打高尔夫球等。^①

朴正熙政府在中央设立监察院的同时，在地方配套设立了监察室，覆盖了全部的政府部门。监察院是韩国第一个事实上的反腐败机构，它的职能主要是针对经济部门进行检察和监督。韩国宪法和法律都赋予了监察院独立的监察审计权力，其监察审计对象范围也较广。因此，监察院不论是对政府部门防止腐败制度建设还是对国家廉政治理建设都起到了至关重要的作用。除了监察院之外，朴正熙还组建了诸如公职腐败特别调查班、行政改革调查委员会等反腐机构来整顿政府机关作风，加强腐败问题的治理，配合监察院完善反腐工作。

无论对哪一个国家而言，公务员都是最容易滋生腐败的群体。他们利用国家赋予的权力谋求私利，进行权钱交易。因此，针对公务员的职业道德规范和不当行为惩治的法律法规的建立和完善不可或缺。公务员财产登记方案能否行之有效的实施，也成了衡量一个国家清廉指数高低的重要依据。

实际上朴正熙并非实施公务员财产登记的第一人。早在1960年11月，张勉政府时期便颁布了《公职人员财产登记法案》利用反腐来挽回人民对政府失去的信任。法案规定了进行财产登记的公职人员为2级以上的公职人员本人、配偶及直系亲属，但由于张勉政府内部权力斗争混乱，未能被国会通过。朴正熙政权在张勉政府的《公务员财产登记实施方案》基础之上，于1964年6月颁布了《公务员财产登记实施方案》，作为补充7月政府颁发的《关于公务员财产申报的国务总理指示》。《公务员财产登记实施方案》把公务员申报对象扩大到了3级以上，相比张勉时期的财产申报制度范围更加广泛，申报的内容更加详尽。但是出于各方面的考量，财产申报最终是以自愿按所定样式进行申报。

---

① 陈海莹.“韩国病”的政治解读：韩国现代化进程中的反腐败研究［M］.北京：中国社会科学出版社，2015：49-59.

该申报方案最终实施的结果：在总数约14405名公务员中有13003人申报，未申报者1152人，申报率达90%。但由于事前准备不足、申报人数众多，自愿执行行政命令且申报资料采取不公开方式等诸多原因，该申报方案仅仅实施一次便终止了，但这样的尝试却使得官员申报财产的观念深入人心。

第三章

固本培元
——"自上而下"的大规模"庶政刷新运动"

在朴正熙的第一任期内虽然进行了大刀阔斧的政治清算、官僚体系的换血并建立健全了反腐相关的机构和制度，但由于韩国经济的迅猛发展和军政威权体制的成熟，以权谋私的现象越来越严重，腐败问题又故态复萌。在实现经济的稳健发展后，如何建立一个清廉的国家，又成为国民关注的重要事项，"反腐败"成为韩国全社会亟须解决的问题。针对经济高速发展下的腐败问题，朴正熙政权倡导了声势浩大的第二次反腐风暴"庶政刷新运动"，以达到清除官场腐败，净化社会环境的目的。

第一节　维新体制的确立

1963年，朴正熙首次当选总统时，他虽然击败对手尹潽善，但仅以15万票微弱优势胜出；而在1967年，他则以700万票的绝对优势蝉联总统。朴正熙的连任无疑是民心所向，也是对他政绩的肯定，其中少不了反腐败运动为振兴经济所做的努力。但是出口导向型的经济政策倾向在使得经济高速发展的同时必然导致贫富差距的扩大，特别是引起了劳动力对政府的逐渐不满。20世纪70年代初期，国际形势发生了重大变化，冷战的逐步缓和使美国逐步减少了对韩国的援助，面对经济和军事实力都优于韩国的朝鲜，经济刚刚起步的韩国深感不安。然而国内的政治局面也给朴正熙的反腐行动带来了阻碍，反对派的秘密活动、知识分子的示威游行以及工人和资本家之间的矛盾都威胁着朴正熙的统治。1971年的总统选举中，尽管朴正熙的经济政策还方兴未艾，政绩也有目共睹，但是却以微弱的优势胜选连任，这让朴正熙坚定了强化总统地位和权力的决定。为此，朴正熙政府公布《维新宪法》，取消总统的连任限制，限制国民的基本权利和政治参与，保证执政党的绝对优势，使在野党有名无实。维新体制的确立标志着军政体制的最终成型，高度集中的政治体制使威权统治走向极端。① 1971年12月6日，韩国政府宣布国家进入"非常状态"以此来修改宪法，在通过了《国家保卫法》后建立了维新体制，强化了对社会各阶层的控制，加深了威权统治。

第二节　维新体制下的腐败

朴正熙时期的出口导向型经济经历了两个阶段：第一个阶段以发展纤维、轻纺、日用品为主的轻纺工业等劳动密集型产业为主，在这一时期韩国政府加大对一些从事劳动密集型产业的企业进行政策上的倾斜，加强了对大企业的扶持力度。进入第二阶段后，朴正熙发表了《重

---

① 陈海莹."韩国病"的政治解读：韩国现代化进程中的反腐败研究［M］.北京：中国社会科学出版社，2015：49-59.

工业化宣言》，确定了十大战略投资重点产业——钢铁、石油化学、汽车、机械、造船、电子、有色金属、水泥、陶瓷及纤维工业。此时政府有意识地对重化工业企业进行优惠政策上的倾斜，引进技术和设备。这就使得20世纪60年代后期还属于劳动密集型产业的韩国到了20世纪70年代初中期，摇身一变成了资本密集型国家。

在重工业经济政策的引导下，得益于政府的优惠贷款、税收减免等政策倾斜，一大批财阀将业务重心转向钢铁、石化、造船、汽车、电子等产业领域，迅速推动韩国的产业结构转型，实现了生产和经营结构的升级换代。以"三星"和"现代"为代表的五大财阀，其净产值占韩国GNP的比重从1973年的3.5%上升到1978年的8.1%。[①] 1970年的200多家大中型企业中，财阀企业为80家上下。1978年最大的30家大企业占制造业销售额的34.1%，雇佣人数占全国的22.2%。1987年进入世界500强的大企业韩国占了12家。外源性经济在实现高速发展的同时也产生了严重的弊端，扶持出口企业这种经济模式滋生了税收、贷款、外汇特许、进口特许及土地使用等方面的腐败。这样一来，威权体制下导致政经勾结的大财阀也就随之发展起来。

自维新体制建立以来，反共主义思潮在韩国达到了高潮。由于恶劣的工作环境和高强度的工作内容，韩国的劳工以自己的方式开始了抗争：全泰一自焚事件、女性劳工裸体组织化抗争、以企业为单位进行的有组织抗争以及大学联合劳工的抗争等。朴正熙为了控制进行抗议游行运动的劳工，滥用反共主义的标签，对要求改善工作条件和抵抗高压劳动控制的劳工，冠以"容共分子"的帽子加以镇压。对同情并支持劳工领袖和工会组织的社会团体或个人，冠以"共产主义追随势力"的帽子加以打压。为了给工人们进行洗脑，朴正熙于1974年开展了工厂新村运动，这是1970年的农村改造运动扩大引进到工厂的结

---

① 杨洪刚.韩国财阀政治研究［D］.上海：复旦大学，2007：10.

果。工厂新村运动强调资方在工厂的威权主义地位。[①] 在工厂，资方是家长，工人是家族成员，工人反抗资方被认为是大逆不道的悖伦行为，将儒教的伦理道德运用于劳资关系，对劳工们起到精神控制的作用。起初实行工厂新村运动的工厂有1500个，到1977年以后，10人以上的工厂都开始实施工厂新村运动。[②]

第三节　庶政刷新运动的开展

朴正熙时期经济的迅速发展依靠的是政府强制力推进，官员拥有越来越多的权力，在缺乏外界监督的情况下，政府运用行政手段支持大企业和大财团的发展，官员各种牟利的机会越来越多，官员经济违纪案件的数目以每年30%的速度迅速增长，腐败成为反对党和社会大众的抨击对象，"反腐败"再一次成为当时社会各个阶层共同的呼声。[③]为了遏制腐败问题的再一次抬头，朴正熙以《总统指令》的方式宣布对12类官员进行整肃。其中包括豪华住宅拥有者、包养情妇者、没有时间观念者和懒惰者等，并于1975年3月正式开始第二次反腐败浪潮"庶政刷新运动"。该运动的宗旨："消除公务员社会的所有腐败现象，开展有效、明朗的服务行政，恢复国民的信赖；在加强行政效率的同时把运动升华为消除整个社会腐败现象的社会公德净化运动和提高国民价值观，树立健全的国民精神的精神改革运动。"其目标：第一，通过清

---

① 한국기독교교회협의회 편 저자. 노동현장과 증언（1970년대）[M]. 서울 한국：풀빛, 1984:21.

② 이종구. 1960~70년대 노동자의 작업장 경험과 생활세계 [M]. 부천시, 한국：한울 아카데: 175~195.

③ 任勇. 韩国反腐败进程及其经验 [J]. 国际资料信息，2007（4）：9-14.

除有不正当行为、无能、工作态度懒散者，保护诚实和有能力的公务员，不断寻求公务员体制的改善；第二，进行科学的预算编制，改善无效浪费的行政体制；第三，加强管理以及净化官员的私生活，消除外部的干涉和请托，树立可信赖的公务员形象。该运动具体包括了三个阶段：净化官场、净化社会和精神革命，使韩国社会各阶层实现从受到法律约束的"不敢腐"到净化思想的"不想腐"。

　　"庶政刷新运动"的第一阶段始于1975年，重点在于消除有关对民业务的腐败与举报，处罚不正公务员。反腐的主要对象是低级公务员。并以"净化公职社会"为目标，提出了"保护诚实、有能者，淘汰不正、无能者；提高服务质量，消除浪费，提高工作效率，把成果还原于民；构筑合理配置各种资源的制度体系；净化公职社会周边环境，消除各种不正之风的环境因素"四项措施。在这一阶段朴正熙将公务员的不正当行为同维护国家安全放在了同样的高度上。公务员是国家为了服务于公共利益而设立的群体，为了使国家赋予其的公权力做到真正为民所用，就必须坦然接受人民的监督和制约，由于低级公务员人数太多，反腐对象数量庞大，因此，在这一阶段赋予监督权力于人民来获取民意反馈。为了方便国民的监督，对有关民法令中的1164项法规进行了审查，其中有968项被修订。修订要求以方便国民为主；权力下放和大幅度废止不必要的规定；清理相互矛盾的法令，缩小财权；加强保护国民利益的规制。加强对不正公务员的举报和处罚，同时加强了"垂直集体责任制"，对出现腐败现象的一级责任监察员和二级责任监察员进行连带处分，特别强调对出现腐败现象的上级和同级监察员的同等处罚。①

---

① 任勇.韩国反腐败进程及其经验［J］.国际资料信息，2007（4）：9-14.

表4 不正行为者措施 ①

区别	不正行为者/名	连带责任者/名	自身人事措施/名	合计/名
罢免者	2536	140	1502	4178
降职等处罚	6736	1156	—	7892
警告	4966	3322	—	8288
撤职	1225	336	—	1561
合计	15463	4954	1502	21919

"庶政刷新运动"的第二阶段始于1976年，重点在于巩固第一阶段的成果，形成全社会各阶层的反腐败。为了进一步深化反腐运动，在第一阶段的基础上，将运动重心放在高层公务员身上，形成全社会的反腐败运动。1976年2月，政府公布了《公务员周边净化运动行动指南》，包括了以下主要内容：遵守出差守则；负责任的工作态度；防止民愿处理的拖延及单一处理方式；遵守当日报销原则；不买不喝咖啡；禁止随便离岗；取消不必要的谈话和接待；排除特殊业务中的不正当中介活动；节约国家公共财产；树立公益优先的价值观；等等。② 依据行动指南罢免和解雇了8194名公务员，降职处罚11421名，警告29086名，撤职及其他2767名。这一阶段的"庶政刷新运动"坚持赏罚分明的反腐行动，在惩处的同时，也有奖励制度、身份保障、改善待遇等措施。1976年有32464名有功公务员得到表扬。在推进全社会净化运动过程中，依据《建立健全的社会风气运动纲领》查出违章移民、财产海外逃避行为者587人，拘留422人；逃税、新村运动违法，麻药、进口物品剥削劳动者，伪造生活用品、不正食品、不正药品的人704343人，拘留3973人；特别级诈骗146人，拘捕92人；组织暴力3267人，拘留1774人；走私3461人，拘留1188人；中介商371人，拘留241人；违

---

① 대한민국 정부 . 행정백서（1976）［A/OL］. 총무부 국가기록원 .

② 王伟，车美玉，徐源锡 . 中国韩国行政伦理与廉政建设研究［M］. 北京：国家行政学院出版社，1998：126—131.

反夜间通禁269579人，拘留8609人。^①在这一阶段为了配合反腐运动，配套设立了一些负责保证运动顺利运行的机构，如特别监察班、惩处不正行为特别班、确认点检班、特别启动班、庶民刷新促进委员会等。

"庶政刷新运动"的第三阶段始于1977年，也是对这次整个反腐运动的升华。反腐运动不该仅停留于奖惩分明的表面，而应将反腐意识灌输到官员和百姓的意识之中，从根源消除腐败发生的可能性，形成以清廉为荣的民族精神，彻底实现"精神革命"。这一阶段的目的在于继续消除残留在公共部门的不正之风，并使净化了的社会规则内化到人们的意识中。仅在1977年3月的"一齐肃清"中，就约有400名官员被赶出官场。据统计显示，在1977年的反腐风暴中，遭惩处的行政人员达51468人。

纵观整个"庶政刷新运动"，朴正熙政府为了遏制腐败现象的发生对公务人员实行行政制裁，首创了"系列连带责任制"和"政务革新财务商法记录簿"两种制度，但是由于是通过行政措施实行，这些均没有法律约束性，评判腐败的标准并非依靠法律而是基于领导人的意志，整个运动过程免不了利用非常手段进行威胁，浓重的人治色彩也导致了许多冤假错案的产生，进而引发许多法律问题。^②但值得肯定的是"庶政刷新运动"意识到了行政人员的腐败与低水平的生活条件息息相关，这场运动改善了行政人员的生活条件和工作福利，使得行政人员的工资提高了45%，在一定程度上遏制了腐败现象的发生，是韩国自建国以来第一次真正意义上完整的反腐倡廉运动。

---

① 王伟，车美玉，徐源锡.中国韩国行政伦理与廉政建设研究［M］.北京：国家行政学院出版社，1998：126-131.

② 尹泰範.对历届政府的反腐败政策评价的有关研究［J］.地方政府研究，1998（1）：51-70.

第四节 朴正熙时期的反腐效果

朴正熙执政初期反腐效果显著,军人出身且处事雷厉风行的他在反腐举措上体现了三方面特点:惩罚规模大、惩戒力度强、惩戒标准严。在清除大量贪官污吏和异己之后,朴正熙重点以素质高、年轻化且纪律严的士兵们取而代之,这使得李承晚和张勉政府时期的腐败风气得以有效遏制,泛滥的裙带关系、营私舞弊等现象也有所改善,并为实现经济高速发展建立现代化韩国,提供了良好的环境。国家大力干预经济的方法使得韩国的经济得以高速增长,但也正因国家过多地干预经济导致了权力腐败的产生,主要表现在总统权力过大无法限制、官商勾结现象初露端倪、缺少健全的监督机制三方面,这使得朴正熙时期的反腐败并不彻底,并且为今后韩国腐败现象猖獗埋下了祸根。

一、无法约束的总统权力

就朴正熙本人而言,他从不从事奢侈的娱乐活动,从不打高尔夫球。每遇国家庆典和民间节日,他不带侍卫人员,自己一人到市区各地去了解国民如何欢度佳节。下乡视察的时候,经常走进小食店吃一些大众食物,其反对党都无法找到朴正熙本人的腐败证据。[①] 尽管他始终保持着自己的清廉,但是对权力的欲望却十分强烈。为实施经济振兴计划,他希望扫平一切障碍,将权力牢牢掌握在自己手中。在国家

---

① 马占稳.扬汤止沸:韩国现代化中的早期反腐败:韩国现代化进程中反腐败问题研究之一[J].北京行政学院学报,2004(1):5-10.

权力结构层面，从各个方面强化总统的权力。在他的独裁统治下，总统直接任命总理无需国会审核；剥夺国务会议的决定权，决定权归总统所有；用一院制取代两院制；由总统直接任命大法院人员。因此，可以说朴正熙就任期间将立法、行政、司法都牢牢掌握在自己手中，避免了政党纷争的内耗、避免复杂繁复的审议流程、避免干扰政治政策的希望，最后在国会中实现了"一党独大"的专政局面。

受到朴正熙独裁统治的影响，各级官员将法律赋予职位的权力当成谋求私利的个人权力。利用职位的决策权与企业进行勾结，分得企业利润一杯羹，企业也将通过给"好处费"夺取获利丰厚的政府项目视为谋取长远利益的最有效手段。处理国家资源如同处理个人物品一样，利用公共资源为自己服务。并且由于韩国社会等级严明，直至现在我们依然能看到韩国社会存在下级无条件服从上级的影子，这就为高级官员权钱交易提供了便利，不少人想成为公务员的原因也是渴望利用自己的公权力捞一些油水。在朴正熙政府执政时期，根据颁布的《关于公务员财产申报的国务院总理指示》，要求公职人员申报自己的财产，结果竟有包含朴正熙总统在内的 1152 位公职人员拒绝申报，作为总统不能起到带头作用，那么自然不会服众，公务员财产申报也就不得而终。另外，由于总统权力过大，借腐败为由公报私仇的现象时有发生，如 1969 年韩国二号政治人物金钟秘之所以被迫流亡海外，看似因贪腐问题受到彻查，实则是其反对朴正熙三次连任的修宪进程而遭到的政治清算。在缺少立法、行政、司法三者的独立分工下，总统牢牢掌握国家大权。在一手遮天的"军政威权体制下"，权力型腐败的猖獗使实现彻底的反腐倡廉运动难于登天。

二、缺少健全的监督机制

首先，缺乏民众的监督。1992年的一份调查显示，在问到为什么行贿时，被调查的130名入狱官员中，有74.5%的人认为，受贿是例行行为且对他人无害。2000年的一份调查显示，在被调查的500名商人当中，47.6%的商人认为行贿是传统行为。2004年首尔大学反腐败研究中心所做的一项调查显示，在被调查的108名商人中，67.7%的人相信，通过贿赂政府官员，能够解决与政府有关的所有事情。[①] 对国民来说，反腐并非当下棘手之事，相较于远在天边的民主，人们更关心的是近在眼前的面包。人民群众政治参与意识薄弱是缺乏民众监督的根本原因，缺乏民众强有力的监督也是朴正熙时期各种反腐制度未能得到有效落实的重要因素。

其次，缺乏舆论的监督。朴正熙时期为了防止舆论对民众的煽动作用，从而对自己政权稳定造成威胁，在国保委的干涉下，大约"共计172种出版物、617家出版社被取消或封闭。1961年5月22日，国家最高会议发表训令，解散一切政党及社会团体，除党政报刊外，一切社会媒体需经过彻查并重新登记"[②]。缺乏舆论的监督使得总统权力一手遮天，也使得朴正熙不能清晰地认知不同阶层群众的诉求，这也是导致朴正熙时期反腐工作收效甚微的另一原因。

三、官商勾结现象初露端倪

为了实现经济的高速增长，朴正熙政府倾向于发展出口导向型经济，虽然韩国作为资本主义国家实行的是市场经济体制，但是其市场经济是由国家制定经济计划规定各个产业的发展方向和目标，并由各大企业集团去贯彻、执行和完成。在政府主导的这种经济发展体制下，

---

① 刘重春.理性化之路：韩国公务员制度研究［M］.北京：中国社会出版社，2012：166-169.
② 何牧.韩国四总统合传［M］.北京：中国社会科学出版社，2005：148，204.

政府会在众多企业中挑选出一个，并把确定好的项目交给其执行。一些大企业也会主动献计，为国家制定经济发展计划进而上交政府审核批准后执行。为了能获取政府的青睐从而得到国家项目，进而享受国家在金融、税收等方面的优惠政策，各企业无不绞尽脑汁动用一切资源与政府要职人员搞好关系，最直接的办法就是以企业捐款为由，向政府要职人员提供秘密资金进而争取项目的执行权，向政府官员行贿的现象成了常规操作。

　　三星创始人李秉喆的父亲是李承晚的好友，SK会长金宇中的父亲是朴正熙的恩师，现代集团创始人郑周永与朴正熙私交甚密。[①] 20世纪60年代至70年代，郑周永因与朴正熙私交甚好，获得诸多国家扶持项目的投标权。据统计，1968年政府所进行的工程额中有76%交给了现代集团。在第二个五年计划中的1971年，政府发包工程中的96%交给了现代集团。因此，现代集团在韩国建筑业最景气的20世纪60年代后期，4年间的营业额增加了5倍，赚得巨额利润。[②] 一举将"现代"集团带到全国前十的位置上；1975年，三星集团新任掌门人金锡元从父辈手中继任公司，声称首要的管理任务就是继承并扩大父亲在政界的关系网。可见，政府特权与财团之间在这个时期建立的"蜜月关系"最终使腐败现象愈演愈烈。再加上财团企业的扩张及对商品市场的垄断造成整个社会发展不平衡的结构性问题。其结果是腐败问题逐渐集团化、大面积化，反过来加剧经济社会的不平等并引起基层民众的不满和反抗，进而助推财团与政府更加紧密地勾结在一起，形成恶性循环。[③] 1963年，垄断白糖、面粉和水泥即所谓"三粉"产业的几个财阀企业，利用自身生产的是直接关系国计民生的产品的特点随意操纵市

① 赵灵敏.韩国历史上的政商关系［J］.商周刊，2013（21）：46-47.

② 张英，曹丽琴.韩国财团比较研究［M］.北京：东方出版社，1994：132-133.

③ 宣玉京.当代韩国反腐败的制度建设［J］.现代国际关系，2018（10）：53-60.

场价格，偷漏巨额税款，而朴正熙政权却以收取财阀企业大量秘密政治资金为条件，默许和容忍了其非法牟取暴利的罪恶行径，朴正熙对腐败的无视和纵容引起了极大的民愤。1964年，中央情报部通过操纵证券市场、非法进口日本汽车、贪污国家基建投资甚至纵容赌博的手段，非法获得大量政治资金的"四大疑惑事件"先后被媒体曝光，再度激起国民的强烈愤怒。朴正熙时期的反腐败最终因为对财阀的纵容而以失败告终。

根据韩国的社会调查，从李承晚到卢武铉为止的9位总统中，韩国人心目中最喜欢的总统是朴正熙，得票率高达47.9%，而位居第二的金大中总统得票率为14.3%。这足以见证朴正熙总统在韩国国民心目中举足轻重的地位，尽管其在任期内被指控为独裁者，但无论是从清廉从政，还是从丰功伟业来讲，他的贡献都是不可磨灭的，朴正熙的为人处世成就了他作为韩国最有魅力的总统。

第五篇 05

全斗焕时期的腐败与反腐败

朴正熙的独裁统治使得下属们上行下效，官员们借职务之便模糊公私之间的界限将国家的公共财产视为可以自由分配的个人财产任意分配。同时，在腐败容忍度极高的大环境下，由于缺乏强有力的内外部监督机制，导致权力主体滥用权力，公职人员以权谋私的现象时有发生。在总结了朴正熙政府反腐的成效和弊端后，全斗焕政府在处理腐败问题的时候更加重视法律的作用。上台之初全斗焕便表示要"开创一个廉洁政治的时代"，看到国民对朴正熙独裁统治的反对声音越来越大后，于是就承诺"要把国民从政治镇压和滥用权力中解放出来"。全斗焕政府颁布了《公职人员伦理法》《政治资金法》《刷新政治空气特别措施法》等反腐相关法案，为把反腐工作纳入制度化建设轨道奠定了坚实的基础。然而与朴正熙政府相比，全斗焕利用政治镇压和滥用权力维护政权的行为变本加厉，最终全斗焕也因为各种类型的腐败问题未能逃脱从独裁总统到阶下囚的命运。

第一章

政治大换血与反腐举措

1979年12月12日，以全斗焕、卢泰愚为首的少壮派掌握军权建立了"新军部"，进而逐步掌握了政权。1980年5月27日，全斗焕以打击腐败为由进行了"社会净化运动"，全面控制了整个韩国社会。

第一节 "净化"社会环境

利用腐败问题进行政治清算和大换血在韩国已经成了稳定政权的常规操作，这并非新上任的总统为旧官员们加上的莫须有的罪名，而确实是旧官员们自身就存在问题，在官僚体系这个污浊的大染缸里没能做到独善其身，使得新政权有借口利用反腐笼络人心，清除异己。为了清除异己稳定政权，全斗焕主要采取了四方面行动：第一，政治换血。1980年6月，全斗焕要挟崔圭夏成立"国家保卫非常对策委员会"，并安插亲信占领要职。在控制军权后又控制了国家政权，全面履行国家最高政治权力。他肃清了政治上具有民主革命倾向的以金大钟、金泳三、金中泌为首的政治势力，以反腐为名解除了5480名各级公务员、86名教授、3111名国营企业职员的职务，其中就包括诸多重要实权人物。① 同年6月18日，出于对金钟泌日后发展成自己的竞争对手的担心，全斗焕宣布了金钟泌等9名"权力型聚财者"名单，指控他们非法聚财853亿韩元。同时新军部带走了6万余名的"社会不良分子"，并派遣包括社会运动家在内的4万余人到军队接受以"清理地痞流氓"为目的的"三清教育"，但实际在进行教育的过程中屡屡侵犯人权，造成大量死伤。第二，安插间谍。全斗焕为了防止学生进行示威活动，强制征集学生，强迫他们成为政府的眼线，举报有示威意向的学生以及示威运动。同时，多疑的全斗焕用了同样的手段，征集僧侣，在寺院中扮演特务的角色。第三，群众再教育。全斗焕为了巩固自身军事政治权力以及在社会中的地位，对高级政府官员、法官、检察官、企业行政管理人员、大学教授以及家属共32000多人集中到水原进行3天的培训学习。第四，净化舆论。开除了711名新闻工作者，封闭了韩国各类定期杂志172种，关闭617家出版社，强行合并6家通讯社。

第二节　高压的政治统治

1980年10月17日，全斗焕解散了所有政党，顺应了要求废除朴正熙的《维新宪法》的呼声颁布了新宪法。新宪法规定了总统任期7年且不得连任，模仿了美国大选制度中的选举人团制度，规定总统由5000人以上组成的选举人团选举产生，选举人团分属各政党。全斗焕担任由新军部势力组成的"民主正义党"的总裁，实际上，全斗焕政府内军人出身的行政精英的比例大于朴正熙政府。看似韩国的政治体

---

① 曹中屏，张琏瑰.当代韩国史（1945—2000）[M].天津：南开大学出版社，2005：349.

制向民主更近了一步，但是全斗焕却比朴正熙时期更为独裁专制。根据宪法，国家的一切行政权力都集中在总统手中，总统具有行使非常措施、实施全民公投、解散国会的权力。全斗焕通过频繁组建内阁的手段来阻止对自己权力的限制，据统计，在第五共和国时期，全斗焕改组了22次内阁，内阁的平均寿命为8个月，全斗焕也被戏称为"全都换"。

第三节　"社会净化运动"方案

仿照朴正熙的反腐运动，全斗焕在上任之初也开展了社会净化运动。1980年11月1日，军政府成立了国务总理直属的"社会净化委员会"，地方各级政府也先后成立了地方"社会净化委员会"。开展以社会净化为名的反腐运动。1981年9月，政府制定了20世纪80年代社会净化基本政策方向：第一，建构值得信赖的公职风土；第二，确立公正的补偿体系；第三，建构合理化的社会制度；第四，保障明朗的生活环境；第五，涵养国民应有的价值观五个类别的目标。社会净化的基本政策重点在于铲除不正和腐败之风，同时支援国民运动，确保向社会净化的基本方向推进。社会净化委员会致力于公职社会健全的伦理观的确立，通过改进和完善各种制度来预防腐败。①

---

① 金香花.韩国国家反腐败系统的建构过程及其经验反思［J］.北京：北京行政学院学报，2013（5）：37–43.

第四节　限制权钱交易的《政治资金法》

政治资金，也叫政治献金，是指从事竞选活动或者参与其他政治相关活动的个人或者团体，接受了来自外部无偿提供的经济利益。随着民主化的呼声越来越高，韩国政界选举活动也越来越多，诸如总统大选、国会议员选举、市和道的地方首长选举、地方议员选举等。由于各级选举竞争激烈，选举所需要的费用也就越来越高昂，且呈现逐年升高的态势，因此募集选举资金就成了韩国腐败的一个直接动因。

出于对选举资金的需要，在政治献金无法避免的前提下，如何实现政治献金的透明化成了遏制腐败现象发生的重要举措。全斗焕与大企业的会长们实行政治献金分摊。像三星、现代等韩国主要大企业的会长，一次献金20亿～30亿韩元。在这种情况下，1980年出台了用于限制权钱交易导致的选举腐败的专门法律《政治资金法》，主要为了保证公平竞争和限制权钱交易。^①在保证竞选的公平性方面，《政治资金法》规定政治资金收支须公开，政党后援会赞助基金也须设定上限，由国家财政向参选的党派和候选人提供一定的选举费用，公营媒体须为其刊登一定数量的竞选广告。在限制权钱交易方面，出于对企业主的政治保护，使其免受由于政治献金进行的政治报复，《政治资金法》将政治援助公开化，规定企业主将政治献金交给国家，由国家对资金进行分配，分为寄托金、党费、后援会、国库补贴等不同用途。此外，还成立了"国家保卫非常对策委员会""特命司政班"等机构，展开以

---

① 金香花.韩国国家反腐败系统的建构过程及其经验反思［J］.北京：北京行政学院学报，2013（5）：37–43.

约束和揭发为主的反腐败行动。如果说以前的政权仅在权力运用的层面进行反腐败，在全斗焕时期，"铲除腐败"变成了民心所向的根本大事，成为政府合法性的来源。

第五节　基本反腐法《公职人员伦理法》

继朴正熙政府的《公务员财产登记实施方案》后，1980年10月，全斗焕总统在第一次司正协议会上，下令研究讨论公务员财产登记制的实施。1980年11月，以总务部次官为委员长的事务委员会，在总统许可后经过公开讨论将初案确定为《公职人员伦理法》。后又经法制处的审议和次官会议、国务会议决议后提交国会。国会借鉴了瑞典、新加坡等财产登记制度成熟的国家的有效经验，于1981年12月底，通过了《公职人员伦理法》，该法案于1983年1月1日正式生效。

不同于朴正熙政府的财产自愿申报，《公职人员伦理法》明确了作为义务的公务员财产登记。法案中主要包括三大制度：财产登记申报制度、礼物申报制度和就业限制制度，并强调要确立积极的业务处理姿态等内容。在财产登记申报具体实施对象上，法案要求3级以上公务员进行登记，还包括了市长、郡首、区厅长、警察署长及5级以上国税厅和关税厅所属公务员。关于礼物申报制度，规定公职者或者其家属应申报从外国政府或者因公务从国外接受的一定数额的礼物，被申报的礼物应归属国库。关于就业限制制度，规定受惩戒被免职的或者因不正行为受到有罪判决的公职人员两年内不能在国家公共团体及政府投资机关和与违规有关的私营企业就业。对于一定级别以上的公职者限制退休两年之内在与退职两年前所任业务密切相关的盈利私营企业就职。^①在《公职人员伦理法》首次实施后，对副部级以上的644人进行强制规定，要求从1983年1月开始申报财产，1984年起每年报告一次，1985年扩大到3级以上公务员，申报人数达到3583名。^②

　　1981年，根据《公职人员伦理法》的规定，全斗焕政权下的公职人员应进行财产申报并对结果进行公开，但是当局统治者清楚，如果严格按照法律规定进行，会对其政权的稳固和合法性产生不良影响，从而申报结果最终采取"非公开"形式执行。1982年，韩国政府以总统令的形式配套推出了《公职人员伦理法施行令》，尽量减小财产申报制度实施所产生的副作用。该实施令主要内容则是强调财产登记制度的阶段性实施方案和登记内容的非公开原则。因此，全斗焕政府虽然首创了财产等级申报制度，却没有彻底进行反腐的决心。

① 王伟，车美玉，徐源锡.中国韩国行政伦理与廉政建设研究［M］.北京：国家行政学院出版社，1998：133-144.

② 刘重春.韩国公务员财产申报制度及其借鉴意义［J］.学习与实践，2010（9）：96-101.

第二章

腐败的原因及反腐效果

　　全斗焕政府所标榜的正义廉洁只是从形式上遏制腐败，存在着不彻底和进一步泛滥的迹象，主要表现在两方面：一方面是由于政经关系的转变导致大财阀权钱交易泛滥；另一方面是军政体制下"裙带关系"的暴露。

　　国家综合国力的提高和国家机构的良好的运转离不开资金的作用。在朴正熙时期，政治资金主要来源于国外。他将这些外部的资金按比例自留作为政治资金和维持国家机器正常运转所需的开支。这就使朴正熙避免受制于大企业或财阀的制约，顺利推行各种改革和发展计划。在这一阶段企业是国家的工具，是实现国家经济复苏的发动机，如新村运动的顺利进行离不开各企业为政府提供的建设捐款。但是到了全斗焕时期，企业和国家间的关系悄然发生了转变，他废除了朴正熙时期的《维新宪法》并颁布了新宪法。新宪法模仿了美国大选制度中的选举人团制度，规定总统由5000人以上组成的选举人团选举产生，选举人团分属各政党，这在一定程度上推动了韩国政治民主化进程，也导致了政府权力的相对减弱，政府与企业家之间的联系被削弱，并且由于在朴正熙时期对财阀的大力扶持，财阀的势力得以壮大，摇身一变从政府的工具转变为拥有和政府谈判能力的经济力量，政商关系从依附关系转变为合作关系。因此，在朴正熙时期向企业收受政治资金成了为个人或小集团敛财的手段，贪污贿赂的现象突出。

全斗焕发动军事政变上台后，"军政体制"下的"裙带关系"日益猖獗。"一人得道，鸡犬升天"，全斗焕本人不仅是全国最大的腐败分子，而且其家族也跟着升官发财。农民出身的全斗焕掌权后大力扶植亲属，形成了相互交织的"家族式腐败"，借用总统权力为家人安排重要岗位。全斗焕的胞弟全敬焕，长期担任全国"新村运动"中央本部事务总长、会长等职务，利用权势搜刮钱财，成为赫赫有名的"新贵暴发户"；全斗焕的胞兄全基焕，原是一个普通警察，后当上"泛韩旅行公司"副总经理；全斗焕堂兄全淳焕，原是大田市经营水产的一个小批发商，1983年一跃成为大田市水产市场株式会社总经理；全斗焕堂弟全禹焕，原在乡村经营碾米作坊，后来当上了"全国粮谷加工协会"会长；全斗焕内弟李昌锡，原是一家公司的普通职员，1983年依靠全斗焕的势力创办公司，垄断了浦项钢铁公司等外品的经销权。全斗焕家族成员依仗全斗焕的权势大发横财，其弟全敬焕侵吞公款173次，数额达78亿韩元；其兄全基焕贪污11.9亿韩元，偷税漏税3.7亿韩元；堂弟全禹焕贪污受贿近10亿韩元；内弟李昌锡在1983年垄断浦项钢铁公司经营权时，一年贪污便达29.07亿韩元，偷税漏税17.7亿韩元。[①] 全斗焕从商界搜刮的政治资金高达9500亿韩元，其中其个人接受42家企业代表的贿赂为2159.5亿韩元，以自己的名号命名的"日海财团"以及夫人李顺子控制的新世代育英会搜刮的钱财多达2515亿韩元。[②] 如东亚集团为承揽原子能发电站等国家项目，曾向全斗焕行贿180亿韩元；国际集团为取得一批项目的优惠建设权，向总统行贿40亿韩元；某企业集团为取得税金减免，"主动"向总统献上70亿韩元的"好处费"。然而，全斗焕敛财并非由于企业的主动献金，而是利用手中权力强迫和威胁经济界提供资金。1983年的"明星集团非法融资事件""丁

---

① 钱乘旦，刘金源.寰球透视：现代化的迷途［M］.杭州：浙江人民出版社，1999：279.

② 权赫秀.世纪大审判［M］.北京：中央编译出版社，1997：177.

来赫非法蓄财案件"，此外在韩国社会引起轩然大波的"泛海商船向海外偷运外汇事件""旧海财团舞弊案件""龙山黑帮案"等，均直接或间接与全斗焕集团核心成员有关。全斗焕在职期间共贪腐了近40亿美元的公款，其中还有大量款项，因其借用3万个假名账户洗钱而无法统计。1987年全氏政权下野，在司法机关的调查过程中，共有14名全式家族成员因贪腐问题被判处10个月至7年不等的有期徒刑，罚款2205亿韩元①。全斗焕的家族成员因依仗权势大发横财，其家族也成了韩国最出名的"贪污舞弊家族"，全斗焕本人及其家族因此被判入狱。② 因此，全斗焕时期的反腐倡廉斗争必然以失败告终。

约翰·达尔伯格—阿克顿指出，"权力导致腐败，绝对的权力导致绝对的腐败"。同朴正熙一样，全斗焕也是依靠军事政变夺取政权，因此两届政府都面临着增强政权合法性的问题。对全斗焕来说，稳固政权是进行一系列改革的根本。尽管在全斗焕领导下韩国经济持续保持增长，但不同于朴正熙时期，最低的生存需求已经不能满足人民群众的需要，致使全斗焕政府的政权合法性也面临新一轮危机。

在全斗焕时期，中央对于权力的控制相较于朴正熙政府有过之而无不及。权力的过于集中也正是腐败滋生和蔓延的根本来源。由于全斗焕在位期间依旧在财产登记方面采用不公开原则，这就给反腐工作留下了隐患，法律和制度对公职人员的约束力被削弱，也助长了腐败的气焰。在政府人员中，多数官员养成了腐败符合人文道德、即使腐败也没人追究的恶习。如1988年"旧海财团舞弊案件"中，原用于给仰光爆炸案家属的抚恤金被指控遭到官员挪用，虽然韩国国会展开了全面调查，但最终只有两名政府官员受到惩罚，并经过上诉后获得从轻发落。此外，独裁体制导致的是民众的低政治参与，民众的政治参

---

① https://www.zaobao.com.sg/news/world/story20211124–1216443.

② 权赫秀.世纪大审判［M］.北京：中央编译出版社，1997：49–50.

与度低就无法对官员进行有效的监督，形成良好的清廉风气。全斗焕也对新闻进行严加管制，1980年7月30日通过的《关于言论自律净化和提高新闻工作者素质的决议》，要求各报刊整顿800余名涉嫌不忠的新闻工作者。对舆论严加控制有利于国家进行宏观调控，更加快速便捷地贯彻政治经济发展目标，但却使滥用权力的现象应运而生。

全斗焕政府缺乏决心的不彻底改革，也是其反腐败成效不明显的一个原因所在。例如，有关财产申报问题，韩国军人政权统治下的财产申报制度是以非公开原则进行的，这使得《阳光法案》的震慑作用无从谈起。无论是东方的"财不外露"的思想，还是西方的"私有财产神圣不可侵犯"的思想都令财产申报的进展止步不前，有人指责公开财产与宪法第十七条私生活秘密保障条款和第三十七条不允许自由与权利受到实质性侵犯等条款相抵触，属于违宪行为。① 在宪法的保护下，非公开原则成为滋生腐败的温床。但需要明确的是，公职人员们作为国家公共权力的执行者必须明确自己是人民群众的公仆身份，接受民众的监督以保证行政清廉。同时还应该看到财产申报的积极方面，在透明的行政体制下可以保证自身合法财产不受侵害，促进韩国不断向清廉国家行列中靠近。

实际上，全斗焕清楚地知道反腐打击的是自身权力的集中性，在一定程度上对腐败的纵容有益于自身独裁政权的稳定，体制内部的矛盾使得全斗焕无法破釜沉舟，全面地进行反腐运动。对腐败的纵容导致"一查一贪"现象的产生，最终会导致国内民众的信任危机，从而逐步瓦解全斗焕政权的合法性存在基础。

此外，全斗焕自身没能做到以身作则，反腐败者就是腐败的本身。中国的《论语》中有云："其身正，不令而行；其身不正，虽令不从。"

---

① 孔凡河.韩国官员财产申报制度的路径变迁及启示［M］.行政论坛，2010，17（6）：99–102.

作为一国总统,自身陷入了腐败的旋涡之中,又怎么能够推进其制定和施行的反腐败规划呢? 1997年,韩国法院对全斗焕进行了审判,最终以受贿罪和军事政变的罪名判处其无期徒刑,并缴纳罚金2205亿韩元。虽然后期得到了特赦却并未取消罚金。但此后的16年间全斗焕仅缴纳了1/4的罚金,并以自己的存款仅有29万韩元为由拒不交款。最终在朴槿惠政府的不断追缴下,对全斗焕本人及其亲属进行全面搜查,最终全斗焕不得不宣布将缴清剩余的罚金,最终时隔16年的"讨债"工作终于完成。任职期间腐败,卸任之后拒缴罚金的全斗焕死性不改,让腐败的本身去推进反腐倡廉建设自然也是天方夜谭。"明星集团非法融资事件""丁来赫非法蓄财案件""权利运动案""龙山黑帮案"都与政府高层官员有关,在全斗焕政权下的庇佑下,腐败现象普遍且越发严重。一些人甚至利用贿赂反贪工作人员的方式来降低腐败的罪责,本身从事反腐的工作人员自身就是腐败的来源,反腐工作也就无法行之有效的开展。公职人员将腐败视为公职权力的附赠品,政府体制内缺少权力的相互制衡,腐败成为各官员之间利用公权力方便办事的不必言明的默契。

第六篇

06

卢泰愚时期的反腐败举措

韩国历史上进行了两次重要的政治转型。第一次是朴正熙军事政变夺取政权，标志着威权体制取代了李承晚时期的"民主实验"政治体制。第二次是第一位直选总统卢泰愚的上任，标志着新民主体制取代了威权主义体制。在以朴正熙和全斗焕为代表的军政威权体制时期，反腐倡廉工作存在着总统独揽大权和缺少强有力的监督机制的问题，导致在反腐倡廉的建设中止步不前。同军政府以强硬打击为主的反腐手段相比，卢泰愚政府的反腐败运动相对温和，他没有像朴正熙和全斗焕政府那样，上台之初便进行大规模严厉的、带有政治色彩的清算运动，转而寻求法制对于反腐的帮助，以制度改革作为其主要反腐手段。他将民主的权力归还于大众，削弱了总统的权力，这使得萌发而又独立于政治意志的反腐制度得以完善和建立，为韩国向清廉国家靠拢提供了新的方向。

　　卢泰愚政府推进全斗焕政府时期流于形式而未能发挥实际作用的财产申报工作，推进修订了《公职人员伦理法》，并延续全斗焕时期的社会净化运动，发起了"新秩序、新生活运动"。但随着20世纪80年代到20世纪90年代初韩国的经济增长速度开始下降，以出口为导向的经济模式在带来"汉江奇迹"后，也出现了后继乏力的态势。1992年，韩国经济增长速率位列"亚洲四小龙"之末。在这样的经济背景下，政经黏着现象更加明显，腐败依旧泛滥猖獗。

第一章

革故鼎新

——初入民主体制下的反腐败

林肯（Abraham Lincoln）曾说，"依靠国民的、由国民选举的、为国民服务的政府是永恒的"。韩国学界对于卢泰愚时期是否进入民主体制有所争议，争议的主要原因在于卢泰愚的军人背景，以及是不是军政体制在于是不是由军人主导的君主式领导结构。随着经济的发展，拥有悠久历史的军政威权体制开始逐步向民主体制过渡，民主化运动的浪潮势不可挡，社会各阶层对全斗焕的独裁统治已经达到了忍耐的临界点，并在1987年达到高潮。仅在1987年6月10日到26日半个月间，韩国各地共爆发2145次示威游行，参加人数830多万。[①] 此时，作为民主党代表的卢泰愚意识到，民主转型已经成了社会共识和大众诉求。为了平息持续高涨的民主化政治斗争，卢泰愚发表了"八点民主化宣言"，即实行总统直接选举、实施公正选举法、对受监禁的政治犯实行大赦、保证基本人权和法治、保证新闻自由、实施地方自治、确保政党的基本权利、增强社会信任。在此基础上，韩国开始了从军政威权体制到民主化转型的进程。最终全斗焕政府在民众大规模示威的压力下同意修改宪法，进行总统直选，修宪后缺乏民意基础的全斗焕不再谋求连任，而是推出其同学卢泰愚竞选总统。1987年12月，卢泰愚通过民众直选当选为大韩民国第13届总统，尽管这是军人与军人之

---

① 李铁.韩国转型，为何能成功避免革命［EB/OL］.世界经济评论，2015-12-21.

间的一次政权交换，但却是32年来第一次不再使用政变作为掌权的手段。曾经担任军职的卢泰愚作为韩国历史上真正意义的由民众直选的总统，它表明向民主政治的转型已取得了实质性进展。

卢泰愚总统汲取了朴正熙和全斗焕政府的反腐败经验，他意识到将反腐败纳入法制化轨道的必要性。1987年12月总统选举前夕，卢泰愚当众立下誓言：在任职期间，私人财产绝不会增多，所有的个人财产将会公开，也绝不会有任何不该有的非法所得，在"选举公约"中也首次提出高级公务员必须公开财产。1988年4月，卢泰愚提出修订《公职人员伦理法》。1988年9月，政府提出了《公职人员伦理法修订案》，同年11月正式向国会提交了修订案，并接受国会审查。在修订案中卢泰愚提出公务员进行财产申报的结果也必须向公众公开，为了起到表率的作用他带头公开了财产。在卢泰愚的率先垂范下，尽管法案还没能通过，但一些以权谋私的公职人员防止自身贪腐行为的败露而被迫辞职，起到了一定程度的威慑作用。但令人遗憾的是，由于卢泰愚总统任期的结束，第13届国会任期届满，修订案的审查自动作废，最终修订的《公职人员伦理法》的审查并未能在国会通过，公务员财产申报在公开方面的内容也未能实现。尽管没能以法律形式确定下来，但是为金泳三执政时期对该法的修订奠定了基础。

随着财阀对国家社会生活各方面的影响越来越大，卢泰愚开始意识到削弱财阀的势力对于推进反腐败工作的重要性。于是，卢泰愚政府相继颁布实行了"5·8措施"和"主力业体制度"公开限制财阀进行不动产投机行为，并迫使财阀出卖其私有土地，尝试削弱财阀经济的集中程度，实行业种专业化。历经一年半时间的努力，卢泰愚政府完成了"5·8措施"中的全面目标。

第二章

铁面无情
——大规模政治清算

卢泰愚在总统竞选过程中曾向国民做出如下承诺:"同胞们,我如果能当选为韩国的下一届总统,那么我就主张清算历史上旧有的威权主义体制!大家都知道,从前韩国之所以不断发生学潮和市民静坐示威,其根本原因就在于某些执政党领导人和他的政府,过于以自身的权威来替代民主。这种有碍于民主进程的封建残余,如果不彻底铲除,那么就必然影响政府与国民、政府与在野党之间的血肉联系。当然这种腐败的威权主义体制,也将有害于韩国经济的迅速腾飞!"

1988年2月,卢泰愚宣布组建新内阁,其中有7位曾是第五共和国的高官,因此有人戏称卢泰愚是"戴了假发"的全斗焕。随后在野党联手向卢泰愚和民政党进行施压,要求卢泰愚开展"五共清算",卢泰愚提出在不得对全斗焕本人进行政治报复的前提下被迫同意开展清算。1988年3月底,全斗焕的胞弟因涉嫌贪污受贿78亿韩元遭到逮捕,自此开始了对全斗焕及其家人和亲信贪污行为进行清算的行动。此外,国会大规模调查前总统的腐败问题,卢泰愚劝说全斗焕辞职并发表了《对国民谢罪书》,宣布捐献出全部财产,并隐居山间古庙。无论是威权体制时期的朴正熙、全斗焕总统,还是初步进入民主化转型时期的卢泰愚总统,都将政治清算作为一种政治行为来稳固自身政权。政治清算也逐步发展成为韩国的政治体制内的一种现象,这也是致使韩国社会一直不稳定的重要因素之一。虽然卢泰愚时期的政治清算同威权体制时期显然带有派系斗争的性质有所不同，但其政治清算也确确实实是新总统在通过检方的调查取证后而得到的前总统及其亲信违法行为的罪证，因此尽管是以清算的名义来进行的，但却并非无中生有的栽赃陷害。

卢泰愚在全斗焕政府时期深得全斗焕的赏识，并将其视为自己的得力助手与候任总统的不二人选。全斗焕就职期间连续发生了大规模腐败和官商勾结事件，政治腐败蔓延问题造成的影响十分恶劣。卢泰愚审时度势，力图撇清与全斗焕之间的关系，变通地把"社会净化运动"更名为"新秩序、新生活运动"。它旨在进行新的改革，以努力创建不受犯罪威胁的安全、有秩序的社会和从社会上诸多病理现象逃脱出来，确立健全道德的社会生活为主要内容。主要包括加强管理选举期间以及新年、中秋、公假等薄弱时期的公职纲纪，加强为公职意识的提高而进行的特别教育、各部署的教育等。其中，最重要的举措是制定财产公开制度的施行法案，其主要目的是公开高层公职者的财产登记，确保推行与民主化时代相符的廉政措施，树立国民信赖的政府及廉洁的公职人员形象。为深化反腐败运动，政府采取了相应的举措：成立了中央惩戒委员会；对选举以及公众假期等薄弱环节的公职行为严格管理；提高公职意识并修改《公职人员伦理法》；进一步出台了有关财产公开的廉政制度，要求公开高职位公务员的财产登记，包括总统本人的财产。但是由于缺少具体可行的操作办法，所谓的"新秩序、新生活运动"仅仅停留在口号的层面，并没有取得实质性的政策效果。

第三章

政经勾结

——秘密政治资金丑闻

由于威权主义政治传统和韩国政坛政经勾结，钱权交易久已成习，以至于卢泰愚也终难独善其身而深陷秘密政治资金丑闻。1995年11月8日，韩国检察机关表示将以《特定经济犯罪加重处罚法》上的受贿嫌疑对卢泰愚进行司法处理。11月16日，卢泰愚被捕入狱。根据日本《每日新闻》的报道，卢泰愚前总统在任职期间大约筹集了5000亿韩元的政治资金，其中2360亿韩元为接受财阀贿赂时所得。韩国银行做了统计，韩国纸币1万元1张的长度为16.1厘米，5000亿韩元的总长度约为9663公里，相当于从首尔到纽约距离的1.42倍。叠起来的高度为7.5公里，相当于白头山（长白山）的2.73倍。用4吨装的卡车拉运可以装满12辆。①卢泰愚带着民众的希望，戴着民主的桂冠，成为韩国历史上第一位直选总统，却也令人大失所望，成为第一位被指控有罪的前总统而锒铛入狱。他曾公开宣称："从经济界收取资金已是最高当权者的惯例。"民主化以后的选举方式比以前更加自由，更加具有竞争性，对候选人来说，结果都是不确定的。所以候选人都会竭力进行选举活动，而这些选举活动都需要花钱。在1987年12月举行的总统直接选举中，政党腐败便全面泛滥，各个政党花钱雇人出席群众大会，给前往参加集会的群众分发红包，行情是一天的"听讲费"为1万韩元；手持标语、

---

① 黎能清.卢泰愚从总统成为囚犯的前前后后［J］.经济世界，1996（2）：12-16.

布条者则可获2万~2.5万韩元。在整个竞选过程中，执政党耗费了大量的金钱，反对党也不例外。据估计，此次选举所耗费的金钱不下1万亿韩元，相当于韩国1987年国家预算的1/15以上。所以，韩国的选举从一开始就被指责为金钱舞弊和不公正的选举。[①]

卢泰愚5000亿韩元的庞大金额政治资金的获取途径主要包括三种。第一，大企业非法资金的支持。选举资金大规模增加的原因首先是参加选举的候选人越来越多，其次是选举不是政党之间的竞争，而是候选人之间的竞争。第六共和国支出的选举费用、政治费用非常多。最重要的原因是执政党为了延长自己的执政时间花了很多钱。最后是民主化以后参与竞选的候选人之间过度的竞争。选举资金的来源存在问题，这些资金不是来自自愿捐款，而是来自一些大企业的非法资金支持。[②]第二，国家项目的资金回扣。京釜高速地铁整个过程中大约有6000亿韩元的回扣给了卢泰愚总统；韩国电力的原子能电站项目中，韩国电力的总经理可能将收取的900亿韩元的回扣送给了卢泰愚总统府。第三，授予经营权力以获得回扣。卢泰愚政府通过对许可经营房地产和许可其他一些限制性项目也获得了一定金额的政治资金。进修院用地事件是卢泰愚总统让银行贷款给汉阳公司然后从中收取回扣，用于韩国14届国会的选举。汉阳公司用1287亿韩元买进修院的土地，而这块土地本来价格是1800亿韩元，汉阳公司的总经理将赚取的差价中的200亿韩元送给了卢泰愚总统府。此外，第六共和国有一个外号是"高尔夫共和国"，就是说第六共和国批准建设了许多高尔夫球场。尤其从1989年7月1日政府开始把高尔夫项目划定为设施业，由文化体育部主管高尔夫项目，这样使得建设高尔夫球场变得更加容易。政府通过批准建设高尔夫球场收取回扣，据推测当时政府收取了2000亿韩元

① 卓南生.汉城20年风云录［M］.上海：三联书店，1993：116.
② 权宅晟.韩国民主化背景下的腐败现象研究［M］.上海：上海交通大学，2011.

上下。三星集团为承揽开发军队新型战斗机项目和商用汽车生产而向卢泰愚行贿20亿韩元，大林集团为承揽火力发电厂工程而"酬谢"卢泰愚20亿韩元，东亚集团和双龙集团在接到总统亲信的暗示后向卢泰愚进献了20亿韩元。

第四章

卢泰愚时期的反腐效果评估

卢泰愚执政期间在反腐上也取得了一定的成果。他对选举以及假期规定的薄弱环节严加管理，加强了对公职人员公职意识提高的特别教育；修改了《公职人员伦理法》；扩大对公职人员财产登记的范围，并且宣布公开总统本人财产。他在反腐问题上做出的努力也为后人起到了奠定基础和表率的作用。

首先，1991年苏联解体，标志着东西两大阵营冷战对峙格局的结束，美国开始减少对韩国的援助。韩国政府在经济上转而加深了对企业的依赖，政商之间成为利益共同体，形成一荣俱荣、一损俱损的局面。在此背景之下，卢泰愚发表了民主化宣言，力求实现韩国政治正常化。民主化的推进在扩大了公民政治参与的同时，也提高了政党之间的政治竞争。在政治成本增加的背景下，政党经费不断上涨，而经费最大的来源就是寻求企业的帮助。政党组织和政党活动规范不健全，产生了灰色地带，这是导致卢泰愚时期产生腐败的根本原因。

其次，卢泰愚时期的财产登记制度没有得到切实的采纳和执行，依旧没有推行公开的财产申报制度。据《东阳日报》报道称，《公职人员伦理法》实施到1993年，韩国一次也没有按照立法程序对公职人员的财产进行过审查，而且警察也从没有对公务员进行过调查。在这种社会环境下，韩国的公务员不可能做到清廉从政，《公职人员伦理法》也形同虚设。因而《公职人员伦理法》的根源性问题还是社会的监督不到位。

最后，卢泰愚时期官商勾结越来越密切。随着政府对企业的管控减弱，加之卢泰愚一经上任就开始全面削弱财阀的力量，这引起了财阀极大的不满和不信任，在财阀力量不断壮大的前提下，财阀为了维护自身利益不再对政府马首是瞻，开始尝试干预国家政治并正式直接参与政治活动，试图进入韩国政治决策层。现代财团名誉会长郑周永，作为在野的国民党党首参加了1992年的韩国第14届总统选举。卢泰愚被捕后，监察院的起诉材料上表明，卢泰愚在任职期间曾经从30多个大财团中收取约3亿美元的贿赂。1992年1月，郑周永亲口谈及捐款一事："我向历届最高掌权者都捐过钱，仅进入第六共和国政府时期，每年中秋是20亿元，年底是30亿元。……1990年，中秋捐款50亿元，年底捐款100亿元。"① 由此观之，政治越深入地介入经济，财阀们也就越深入地介入政治，腐败的可能性也就越大。

与全斗焕一样，卢泰愚作为总统没能以身作则，自身陷入腐败旋涡。卢泰愚上任之初的庄严承诺最终没能实现，制度性腐败进一步发展，蔓延到韩国社会生活的方方面面，这一时期成为韩国历史上腐败最猖獗的时期。利用大企业获得非法政治资金、收受各种项目资金回扣事件在卢泰愚短短5年的任期内频频发生。而韩国屡屡出现的楼房倒塌、桥梁断裂等建筑工程质量事件，也多是此时的建设项目。尽管历届总统上台之初都有政治清算稳定政权的打算，也确实揪出了不少国家的腐败分子，但贼喊捉贼，捉贼的人也是贼如何能够彻底推进反腐败运动呢？

---

① 朴遠培．[재벌] <15> 그 實相 (실상) 과 虚像 (허상) ……실체를 벗긴다 秘資金 (비자금) [EB/OL]．서울경제신문，1993–08–25.

第七篇 **07**

| 韩国反腐新阶段：制度性反腐 |

在现代化历史进程中，韩国政府完成了一次关键的民主化的政治转型，即由军权主义向民主政治转型，实现由打压式反腐运动路径向制度反腐路径转变，政策思路也从惩治腐败逐渐发展到预防反腐。从朴正熙政府威权统治时期的"政治净化运动""庶政刷新运动"到全斗焕和卢泰愚时代的"社会净化运动"等，运动式反腐在客观上为后来的制度性反腐奠定了基础。经过几十年的反腐败斗争，韩国的廉政体系建设相对已经完善。但韩国经历了长期的独裁、威权主义的政治统治和经济急速发展期，政府、企业和国民之间相互缺乏信任的弊病已经根深蒂固，韩国社会形成了权威至上、公私不分、盲目逐利和讲究人情关系的文化风气，严重损害了行政的合法性和公正性。[①] 因此，通过制度完善来消除和预防腐败，推进经济持续健康稳定发展，成为当务之急。随着韩国文选政府时代开启，反腐败制度逐步推进与完善，韩国迎来了反腐的新阶段。

---

① 欧斌，余丽萍，李广民.国际腐败公约与国内司法制度问题研究［M］.北京：人民出版社，2007：134.

第一章

金泳三推行财产公开制度，实行金融实名制

20世纪90年代，韩国迎来经济高速发展时期，韩国政府在领导经济发展方面取得的成就令世人瞩目。但是韩国政界和政府官员在国民中的信誉不高，其有失民心的重要原因就在于官员的"贪污腐败"以及民主制度建设的滞后。因此，在这一时期，韩国舆论的焦点话题就是民主与反腐。1993年，作为韩国民主改革以来首位民选文人总统，金泳三的上台意味着韩国历届政府军人集权政治的弱化和消逝，也开启了韩国民主政治的新篇章。金泳三总统在1993年2月25日的就职演说中提道："腐败问题是我国社会最大的公敌。坚决杜绝一切该杜绝的、铲除一切该铲除的腐败现象。"① 上台后，他凭借着民众极高的支持率直面反腐败问题，力图树立清廉的政府形象，并有计划地针对长久以来形成的结构性腐败难题进行体制上的改进和变革。与军人威权体制时期的运动反腐所不同的是，执政之初，金泳三就开始强力推动制度反腐，着重通过调整制度框架，制定法律法规，以此对腐败行为进行有效的制度约束和法律规范，以立法方式推进韩国反腐败建设的进程。他在《开创二十一世纪的新韩国》中提道，"制度是与历史同命运的。新的历史时期需要有一个新的制度。为使清明的政治在这块土地上生根，先要改变国民和政界人士对政治的态度，同时也要改革有关制度"②。

---

① 김영삼 . 우리 다 함께 신 한국으로 [EB/OL] . 김영삼재단, 1993-02-25.

② 金泳三 . 开创二十一世纪的新韩国 [M] . 郑仁甲，译 . 北京：东方出版社，1993：74.

第一节　法治建设：财产公开制度

在韩国国内，民众对于政府官员清廉从政的道德要求远远高于其实际现状。韩国实现民主转型后，历届韩国政府致力于从政治、法律、社会系统对政府官员强化监督职能。在这一背景下，文民政府上台执政后，公职人员财产公开制度随之建立并发展完善。金泳三上台后，随即呼吁要创立"新韩国"，大力推进韩国政治改革并对纲纪法规进行完善，目的是根除贪污腐败，推动韩国经济稳定发展。他以迅雷不及掩耳之势提出加强法治建设的重要举措，掀起一场以公职人员财产公示为新特征的政治旋风。由此可见，金泳三要根治"疾病缠身"的韩国，贪污腐化最终难逃法律制度的制裁。

金泳三上任之初，率先公示了家族的全部财产，包括现金、存款、不动产、股券等。金泳三这一坚定的反腐举措，大力带动新政府中从上至下各级官员近500位陆续公开私人资产，之后全国共有3.3万名国家公职人员相继公开财产，接受国民和舆论审查。自此，一场轰动全国的大规模官员财产公示活动随即成为韩国社会讨论的焦点话题。金泳三深刻意识到，割断金钱和权力的纽带，是铲除腐败的必经之路，因为金钱可以使"权力更容易陷进腐败的泥沼，会给那些腰缠万贯的窥视权力而涉足政治的人以立足之地"[①]。以往历届政府的运动式的反腐成效甚微，无法彻底消除腐败，必须借助法律监督和制度限权的手段来涤荡当今韩国社会的贪腐文化。

1993年7月11日，《公职人员伦理法修正案》生效并实施，奠定了

---

① 任勇.韩国反腐败进程及其经验［J］.国际资料信息，2007（4）：13.

今天《公职人员伦理法》的基本轮廓，也成了"公职人员财产登记制度""公职人员财产公开制度""公职人员股票保密信托制度""公职人员行为限制制度""公职人员礼物登记制度"以及"公职人员退休、离职后就业限制制度"的法律依据。[①] 金泳三政府在总结此前公职人员财产登记制度的实践经验基础上，以法律形式先后三次对《公职人员伦理法》进行修订。修订后的《公职人员伦理法》明确提出将财产申报和财产公开制度化，并规定韩国的政务职公务员、四级以上公务员、司法与税务等特殊部门七级以上公务员、国有企业等"公职相关团体"的管理层均有财产申报义务，其总数达18.8万人左右，占韩国公职人员总数的18.8%左右。其具体构成如下：

1. 政务职公务员：包括总统、国务总理、国会议员、国务委员、地方自治团体长、地方议会议员等。

2. 四级以上公务员：包括四级以上国家公务员、四级以上地方公务员以及与之薪酬相当的别定职公务员。

3. 依据总统令任命的外交公务员、四级以上国家情报院职员、总统室警卫。

4. 法官和检察官。

5. 宪法裁判所的宪法研究员。

6. 大令以上的军官以及与之级别相当的军务员。

7. 大学正副校长、研究生院院长、大学中的学院院长、专科大学校长、教育监、教育长、教育委员。

8. 总警以上的警察公务员、消防正以及地方消防正以上的消防公务员。

---

① 中国社会科学院"政治发展比较研究"课题组.国外公职人员财产申报与公示制度［M］.北京：中国社会科学出版社，2013：95.

9. 同2、3、4、5、6、8中所提及职位级别相当的其他公务员以及合同职公务员。

10.《公共机关运营相关法律》所规定的国有企业的正副负责人、常任理事、常任监事；韩国银行的正副总裁、监事；金融通货委员会的推荐委员；金融监督院的正副院长、监事；农业协同组合中央会的会长、常任监事；水产业协同组合中央会的会长、常任监事。

11. "公职有关团体"中的高级管理层。

12. 依据国会规则、大法院规则以及总统令任命的特殊领域的公务员和"公职相关团体"的高级管理层。①

　　除此之外,《公职人员伦理法》还详细规定了财产申报的内容和申报方式。法案规定：财产申报的内容主要包括官员本人、配偶以及直系亲属所拥有的不动产和动产。动产中除1000万韩元以下的现金、债券和价值500万韩元以下的宝石无需申报外，高尔夫会员卡以及向非营利组织捐献的财产等也需要申报。其中，需要申报财产的直系亲属主要指曾祖父母、祖父母、父母、子女、孙子女、曾孙子女等，但已出嫁的女性不包括在内。另外，关于财产申报的方式，法案也明确规定：初次担任财产申报义务职务者，需要在就职后两个月之内完成财产申报。已经担任相应职务者，每年2月之前需要以上年12月31日为基准对上年的财产变动情况进行申报。财产申报义务者在退休、离职或者被免除申报义务后，需要在一个月之内进行财产申报。

　　财产申报义务者在被派驻国外工作以及休职期间可以暂缓财产申报，最长可以缓期3年。财产申报义务者在被拘禁、失踪等情况下，可以在得到"公职人员伦理委员会"的同意后被免除申报义务或者暂缓

---

① 中国社会科学院"政治发展比较研究"课题组.国外公职人员财产申报与公示制度［M］.北京：中国社会科学出版社，2013：96-97.

申报。财产申报期内，因为海外出差等原因不能按时申报者，可以向相关机构申请延期申报，财产公开义务者最长可以获准延期20日，财产申报义务者最长可以获准延期30日。因病假、滞留海外被拘捕等原因需要推迟财产登记者，其相应情况结束后30日内需要进行财产登记。国会议员以及国会公务员向"国会事务处"进行财产申报；法官、法院公务员向法院行政处申报；宪法裁判所所长、裁判官与宪法裁判所公务员向宪法裁判所事务处申报；中央选举管理委员会与各级选举委员会公务员向中央选举管理委员会事务处申报；政府的财产公开义务者以及未指定财产申报机构的公务员向行政安全部申报；不属于财产公开义务者的中央行政机构公务员以及"公职相关团体"的高级管理层向其所属的各部、处、厅申报；环境部部长、国土海洋部部长、国税厅厅长、警察厅厅长、海洋警察厅厅长指定的下属公务员向其各所属机构申报；监察院公务员向监察院申报；地方自治团体公务员及"公职相关团体"高级管理层向各地方自治团体申报；地方议会议员、地方议会公务员向各地方议会申报；各市、道教育厅公务员向各市、道教育厅申报。

此次修订后的《公职人员伦理法》最明显的变化就是将财产登记义务的范围由原来的三级以上公务员扩大到四级以上。此外，该法案还要求"公职人员伦理委员会"除了作为对财产申报和审核的管理机构之外，也要负责对财产公开义务者的登记财产进行公示，监督公务人员对其公务活动中所接受的礼物进行申报和上交，接受公务人员的股票保密信托，监督公务人员退休或离职后的就业去向并在符合规定时向其发放就业或从业许可。

韩国现在共有267个"公职人员伦理委员会"，中央政府、国会、大法院、宪法裁判所、中央选举管理委员会、地方自治团体以及特别市、广域市、道、特别自治道的教育厅里都设有"公职人员伦理委员

会"。"政府公职者管理委员会"共由11人构成，其中正副委员长各1
名，委员9名，均由总统委任或者任命。11人中包括委员长在内的7人
是委任职，他们是法官、教育家、有学识威望者以及市民团体推荐的
人选，任期2年，可以连任1届。委员会中包括副委员长在内的4人是
任命职，副委员长是韩国行政安全部的副部长，其他3人都是政府公务
员，在政府内任相应职务期间同时兼任伦理委员会委员。现任的"政
府公职者管理委员会"会长曾任首尔市市长、3届国会议员、大国家党
政策委员会议长、国会农林海洋水产委员会委员长、宪法裁判所所长、
政治相关法特别委员会委员长在韩国的政治法律界都有很高的威望。
在此之前的10任"政府公职者管理委员会"会长中，有6人曾任法院
院长或大法官，4人曾任大学校长。各市、郡、区的"公职人员伦理委
员会"由5人构成，其中正副委员长各1名，包括委员长在内的3人一
般是法官、教育家、有学识威望者以及市民团体推荐的人。

　　最后，修正案还加强了对虚假申报等行为的处罚规定，财产申报
义务者在财产申报过程中出现以下问题时，"公职人员伦理委员会"将
做出相应处罚：

　　第一，规定期间内未进行财产申报。

　　第二，未对财产变动情况、股票交易内容进行申报；未提供说
明资料；对财产形成过程提供的说明材料不真实；无正当理由拒绝
对财产形成过程提供说明材料；不经允许阅览或复印财产申报信
息，虚假申报财产。

　　第三，不配合"公职人员伦理委员会"对所申报财产进行审查。

　　第四，将财产申报内容用于不符合《公职人员伦理法》目的的

其他用途，向其他人泄漏财产登记内容。①

对于上述违反规定者，"公职人员伦理委员会"将酌情做出以下处理：要求财产申报义务者补充材料；警告并告知违规者所属单位；处以罚金；在报纸上以广告的形式通报；要求违规者所属部门负责人解聘违规者。自1993年9月1日起，韩国检察院着手核查公职人员财产，财产来路不正者予以定罪或处罚。数日后，迅速成立"不义之财特别调查小组"。调查小组的专设，目的是对不当敛财和黑色收入的高层公职人员进行统一核查，同时提早遏制财产转移。②

《公职人员伦理法》的实施，使得韩国的公职人员财产登记与财产公开进入全面有效的制度化和法制化时期。自此之后，韩国行政官员的廉洁状况有所改善，无论是贪腐案件的数量还是严重程度都明显降低，而且一直在改善过程中。与此同时，随着民主制度的巩固，国会、司法、舆论、市民社会对政府官员的监督能力增强，官员的行为受到多方面的监督。反腐败制度本身也在不断完善，"公职人员财产登记制度""公职人员财产公开制度""公职人员股票保密信托制度""公职人员礼物登记制度""公职人员退休、离职后就业限制制度""公职人员行为限制制度"以及《选举法》等多项制度共同制约着公务人员的行为。在法律和制度的权威之下，财产登记与公示成为韩国公职人员必须履行的义务，这极大地推动了韩国反腐败事业的进程，像一把尖刀插在了韩国政界的心脏上，扬起反腐倡廉的大旗，受到国民的普遍拥护。自此，韩国在民主政治转型的道路上迈出了坚实的一步。

---

① 中国社会科学院"政治发展比较研究"课题组.国外公职人员财产申报与公示制度［M］.北京：中国社会科学出版社，2013：98-100.

② 刘秉军.财产公示：韩国反腐之路［J］.检察风云，2020（9）：80.

第二节　金融实名制的实施，修订《政治资金法》

财产公示制度能够有效运行并发挥其作用，还需要阻塞相关法律存在的漏洞。20世纪60年代，韩国政府为拉动经济发展，动员社会广泛投资，在一定程度上对金融交易设限较宽，一些非真实姓名被允许出现在金融交易当中，隐瞒资金的真正所有者，这为韩国社会腐败留下了祸根，削弱了韩国经济的国际竞争力，同时为韩国政界和企业间行贿受贿等政治腐败行为提供了违法空间。20世纪80年代，韩国经济迅猛发展，几十年军人独裁的韩国历史形成的血缘、地缘、学缘社会关系网络早已根深蒂固，既滋生腐败毒瘤，也培植了一大批腐败官员。《关于金融实名交易法》（金融实名制前身）首次被提出并在国会上通过，但在全斗焕和卢泰愚时期被总统长期搁置。

1993年8月12日，金泳三通过电台、电视台发布《关于金融实名交易及保密的总统财政经济紧急命令》（以下简称《紧急命令》），公开宣布实施金融实名制。金泳三强调："不实行金融实名制，就不可能从根本上堵住国土上的这股不正之风，不可能从根本上断绝政治和经济的合流"，"金融实名制是建设新韩国首先要进行的制度改革，是改革中的改革，是我们时代改革的中枢和核心。"总统紧急命令的方式，可以有效避免一些非实名资金提前转移而达不到预期效果的可能性。[①] 所谓金融实名制，是指与金融机构交易和商务活动中必须用真实姓名的一项金融制度，即个人或法人向金融机构储蓄存款时必须用真实姓名

---

① 李相文．"金融实名制"［J］．当代韩国，1994（2）：88—89.

及其身份证号或者用法人名及纳税者注册号。[①]

金融实名制从《紧急命令》发布日起，严格规定：所有金融交易（包括证券交易）活动中必须实名交易，同时企业或公司也必须将营业执照和纳税号码上标明真实姓名；两个月的限期内，所有非实名资产必须完成实名手续，否则将禁止提款并处以相应的罚金；在规定期限内完成实名并且资金数额不超5000万元的账户可免于被追查资金来源；过期不更为实名者（犯罪搜查等除外），必须追查其资金来源并实施相应的处罚。[②] 此外，为避免不法分子将大量黑钱挪移海外，规定还限制所有韩国公民的海外汇款，对于一次性3000美元以上或一年内一万美元以上的海外流动资金，需经国税厅审批，必要时可以进行税务和来源调查。[③]

金泳三政府提出的金融实名制度改革，旨在改变扭曲的经济结构、地下经济往来和不动产投机活动给社会带来的收入不均衡现状，同时切断政经、商业的非法勾当。但是，这一系列改革措施给韩国社会秩序和经济发展带来了较大冲击，官方宣布金融实名制次日，韩国股市迎来史上大跌，中小企业深受打击，韩国一半以上的中小企业资金状况恶化。但实践证明，金融实名制的实施，有效地抑制了官员偷税漏税，使黑色经济被揭露在阳光之下，财产公示制度真正落到实处，符合韩国经济发展的长远利益。

金泳三政府的《改革白皮书》就曾提道"金融实名制的实施并没有像当初我们担心的那样，给经济带来很大的负担，其推行至今给我们的政治、经济、社会各个部门带来了积极的效果，并逐渐扎下根基"[④]。

---

① 李相文.亮出你的钱包！：韩国的金融实名制［J］.世界知识，1994（10）：10.

② 李相文."金融实名制"［J］.当代韩国，1994（2）：88-89.

③ 康日南.让拥有干净财产者自豪：韩国实行金融实名制的来龙去脉［J］.生产力之声，1994（1）：40-42，1.

④ 刘秉军.财产公示：韩国反腐之路［J］检察风云，2020（9）：80.

金泳三推行的金融实名制使得许多官员纷纷落马，尤其是两位前总统全斗焕和卢泰愚的腐败行径被揭露出来，彻底暴露出长久存在于韩国政治中的政治资金问题。据调查显示，全斗焕、卢泰愚在其总统任期内分别收受秘密政治资金2259.5亿韩元、5000亿韩元，金泳三政府通过对全斗焕、卢泰愚的调查，最终判处全斗焕无期徒刑，罚款2259亿韩元，判处卢泰愚有期徒刑12年，罚款2838亿韩元。对全斗焕、卢泰愚两人及其连带人员的"世纪审判"开启了破解韩国推进民主政治过程中政治资金难题的进程，触及了韩国政治腐败的根本症结。

金泳三的反腐创举赢得了韩国国内民众的广泛认同，获得了韩国较高的民调支持率。金泳三顺应反腐大势，及时清理军人独裁时代的遗产，大兴民主政治。但是，金泳三政府的反腐败制度并没能很快摆脱韩国久积的腐败惯性，必须看到的是，金泳三政府对于腐败症结这一难题解决得并不彻底，关于公职人员的财产公开只是针对个体意义上的腐败行为进行监督制约，对于政治资金的清算和相关立法只是切断了财阀与执政党、政府之间的某种特定关联，并没有根本消除金权政治的存在。当经济发展过程中出现问题和矛盾，进而使财阀与现有政治权力进行利益交换的具体形式发生相应变化时，实际上规避了原先利用政治资金寻求权力庇护的潜在风险。换句话说，针对政治资金问题采取的反腐措施在根本上失去了其意义和价值，从而造成新一轮腐败行为的滋生，而这恰恰是在取得制度化反腐成果后的灰色地带中产生的。

在投资扩张思路主导下，财阀对银行信贷产生巨量需求，通过买通贿赂政府官员形成巨额借款，而当巨额票据遭到拒付后，资不抵债的事实最终导致了1997年1月发生的"韩宝事件"。此事件在韩国经济和政治领域引发了一系列连锁反应，不仅许多大公司遭到破产，而且由于金泳三之子金贤哲卷入案件而累及金泳三政府本身，撼动了金泳三政权的合法性，抹黑了他廉洁奉公的正面形象，也不利于他接下来反腐改革的持续跟进，金泳三政府最终倒在自身的反腐大旗下。[①] 应该说，在韩国反腐败建设的发展历程中金泳三关于反腐败的相关措施对于"韩国病"的症结问题进行了破解，但与其执政前期反腐的成功案例相比，"韩宝事件"具有更为重要的典型意义，既是对金泳三政府开启制度化反腐举措的一种负面回应，迫使此后的政府不仅要进一步思考如何根据不断变化的经济发展形势，调整其政治、行政体制，以建立有针对性的反腐措施；同时更要解决韩国政治生态中始终存在的派系政治和"家臣政治"问题，这实际上为此后金大中政府切实有效地推进反腐败建设提出了更为严峻的问题，"韩国病"的症结问题有待进一步解决。[②]

实际上，自韩国完成民主化改革后，其行政官员的廉洁状况有所改善，但在选举和政党活动中企业向政党提供政治献金的现象又成了韩国政坛新的弊病。企业通过做假账筹集政治献金的情况屡屡曝光，这些治献金数额之大经常令韩国人瞠目结舌、愤怒不已。韩国学者将这种腐败归入"政治性腐败"的范畴，有别于所谓"行政性腐败"。如果说"行政性腐败"是发生在行政领域的权力寻租行为，那么"政治性腐败"是韩国实现民主化以后新出现的一类与选举有关的腐败行为。自完成民主改革后，韩国的"行政性腐败"不断改善，但高官们甚至总统还是经常爆出腐败丑闻，总统的亲信和家人也经常因为贪污锒铛入狱，这成了韩国人的耻辱。

由此观之，政治资金带来的腐败的确是韩国政治发展中一个恶瘤。政治资金长期在韩国政界、商界、金融界等行业之间非法流动，尤其

---

① 王生，骆文杰.韩国历届政府反腐败治理的经验及借鉴研究［J］.东疆学刊，2019，36（1）：20.

② 刘杰.转型期的腐败治理：基于不同国家和地区经验的比较研究［M］.上海：上海社会科学院出版社，2014：70.

是在韩国政治选举时期，政治资金乱象特别严重。因此，公平选举、规范政治资金、实施地方自治对于韩国政治发展极为重要。1994年,《政治资金法》得以修订，目的是提升政治资金的透明度，巩固政治资金方面的监督管理。金泳三认为，为实现清明的政治、开放性的政治，当务之急要重新修订《政治资金法》，实现政治的透明度。①《政治资金法》修订后，规定一切政治资金收支必须公开；政党后援会资助资金设定上限，政党地区组织都可增设后援会，降低各后援会参与人数，实现少额多数资金流动；捐款也实现多次数性调整；选举所用资金设限，国会议员人均限定为5000万韩元，郡长、区长等也分别设限；国家财政部门向参选的党派以及候选人提供一定的选举费用；等等。《政治资金法》的修订是为了防止腐败，将政治捐助公开化、透明化的重要举措。修订后的《政治资金法》完善了已有的反腐制度，在很大程度上降低了选举成本，对于规范选举活动，减少政党与企业间的不正当利益往来发挥了应有的作用，有效地阻止了地下政治事件的发生。②

---

① 金泳三.开创二十一世纪的新韩国［M］.郑仁甲，译.北京：东方出版社，1993：74.

② 任勇.韩国反腐败进程及其经验［J］.国际资料信息，2007（4）：13-14.

第二章

金大中政府制定《反腐败大纲》

1998年2月25日，金大中当选韩国第二任民选总统，他在就职演讲中强调要发展参与式民主，依靠国民力量建设真正的"国民政府"，提出一系列改革举措，继续把反腐作为重要的施政目标，呼吁开展全方位的制度反腐，让政府更加透明。他宣布要彻底根除腐败、推进反腐败工作并非权宜之计。与金泳三政府对原有的反腐法律修订完善相比，金大中政府更加注重制定全面的制度反腐框架，他通过制定各种法律、反腐败方案和伦理对策等，对反腐制度做出改革。起草并通过《反腐败大纲》和《防止腐败法案》，进一步对威权主义政治体制进行改革，扩大政治参与，增强预防反腐的监督力量，鼓励和支持民间组织参与或加入政府创立的反腐败委员会。金大中认为，为使反腐败制度取得实质性推进，必须从源头全面分析腐败的产生条件，将以往惩罚性反腐政策调整为预防性反腐实施政策，并推行综合的制度性途径去处理腐败乱象，实现创新性制度突破。

金大中上任不久后，提出要起草一份系统的综合性《反腐败大纲》，对腐败产生的源头和条件进行了全面而深刻的研究，把建立廉洁正直、透明而负责的政府和公平正义的社会作为韩国社会未来发展的核心目标。1999年8月，金大中政府审批且通过了这份《反腐败大纲》并将其公示。据调查分析，韩国的腐败程度发展严峻，社会动荡不安。《反腐败大纲》对腐败产生原因进行分析，其主要原因包括：韩国政府行政管理与制度有待改善，例如，形式性的法律规章、法律法规部分内容界定及运行标准的不明确性，管理程序烦琐复杂，公职人员薪水较低且利益有限；韩国几十年来以政府为主导的经济发展下累积制定的法令法规，加剧了韩国政府腐败滋生的空间；以往政府主导经济政策累积形成惯性，其中包括政府给予某些公司"特殊照顾"和权力，公司向政府提供政治资金以获取有利的政府政策和行为；社会与文化方面，如韩国社会盛行命令主义做派，强调地区主义等。① 此外，大纲明确提出了推进反腐败建设的四大目标，即建立廉洁正直的公共部门、透明而负责的政府、正义和公平的社会以及实现透明国家。

金大中时代反腐政策调整包括：反腐败的对象范围由高层为主扩大到中下级公务员；系统综合地梳理了腐败产生的根源和腐败滋生的条件；推动易发腐败部门加强纲领性的管理改革；带动并支持民间团体参与或加入由政府创立的反腐败委员会。②

《反腐败大纲》有其战略性实施步骤，主要包括：（1）初级阶段是在腐败乱象频发的六大行政部门（税收、住房、建筑、食品卫生检查、环境管理和执法部门）推进反腐治理与行政管理改革，后续阶段再把纲领逐步推广到其他行政部门。（2）建构反腐基本框架。制定反腐败相关法律，作为反腐败的法律基础，设立专门负责和解决腐败问题的独立中央反腐组织。（3）鼓励市民积极参与反腐，提升市民反腐实践的参与度。反腐公开面向韩国国内外民众，对民众发起的反腐败运动给予大力支持。（4）逐步系统地实施和执行反腐败政策和大纲，同时要考虑大纲的可行性和有效性。③

---

① 马占稳.釜底抽薪：韩国现代化中的后期反腐败：韩国现代化进程中反腐败问题研究之二[J].北京行政学院学报，2004（2）：17.

② 马占稳.釜底抽薪：韩国现代化中的后期反腐败：韩国现代化进程中反腐败问题研究之二[J].北京行政学院学报，2004（2）：17.

③ 马占稳.釜底抽薪：韩国现代化中的后期反腐败：韩国现代化进程中反腐败问题研究之二[J].北京行政学院学报，2004（2）：17.

　　从金大中政府反腐败初级阶段的制度的实施结果来看，大纲的实施符合预期的效果，在六大行政部门加强纲领性的运行管理之后所呈现的效果较好，它与后来制定的《防止腐败法案》一起共同构建了韩国现代政治意义上制度反腐的完整框架。由此可见，金大中在往届政府的制度经验基础上，将反腐对象范围逐步扩大，降低反腐滋生的空间；研究分析腐败滋生源头，金大中的反腐败政策实施的重点落在预防腐败而并非惩处腐败，有效断绝腐败发生频次；将反腐纲领及制度的影响扩大到社会各领域、民间团体，拉动社会共同致力于反腐，打响了一场"反腐败的全民战争"。

　　值得注意的是，金大中政府在现有政治框架内通过扩大政治参与的方式加强腐败的监督和预防，是其有效利用韩国自李承晚政权以来长久存在的民主运动传统的重要创造。军人政权时期，韩国民主运动如火如荼，其斗争的主要内容为反对独裁统治、争取民主权利，而随着韩国在政党制度、选举制度方面的不断成熟，韩国民主运动的焦点逐渐转化为通过外部监督的方式促使政府不断提高自身的廉洁程度，如在1999年成立的韩国民间反腐组织"透明国际——韩国"，其活动的主要内容包括为普通公民提供反腐败的通道，公民可以对腐败案件进行举报；对参加选举的候选人进行评估，要求披露其犯罪记录；成立政策委员会，开展学术研究等活动。实际上，民间反腐组织的建立及其相关活动，为民间反腐力量发挥其有效的外部监督作用提供了重要平台，从扩大政治参与的角度看，民间反腐组织与政府、私营部门在推进反腐败的过程中，相互间处于平等合作的关系，不失为金大中政府推进韩国反腐进程的有效举措。[①]

　　2001年7月24日，韩国《腐败防止法》正式实施，该法扩大了财

---

① 刘杰.转型期的腐败治理：基于不同国家和地区经验的比较研究［M］.上海：上海社会科学院出版社，2014：72-73.

产登记的义务范围，并且将财产申报范围扩大到配偶的直系亲属；成立腐败防止委员会，由总统直接管辖；实行政务公开，成立"预算决定特殊委员会"，对政府预算的制定和实施进行监督，并以此法为基础逐步形成了反腐败的基本法律制度。^① 韩国《腐败防止法》是韩国历史上首次为反腐制定的单行法律。以预防式反腐为立法根本，成立国民权益委员会以及地方市民委员会，详细规定民事腐败案例的处理程序、对腐败举报者的保护措施以及国民监察请求权等。此法的实施改善了以往反腐败的相关条例散见于各类法律之中、法律规范体系庞杂、规范间互相冲突等问题。同时该法也改变了传统的国家单方面揭发、惩治腐败行为的控制方式，有关于国民监察请求制度的建立，使得民众和监察机关共同成为消除腐败的主要力量，这大大提高了反腐败的效率。^② 2002年，专门设立反腐败机构"韩国反腐败独立委员会"。在完善和规范反腐败法律法规的同时，金大中拉动韩国各领域和民众的力量共同致力于反腐，带动民间团体加入反腐败委员会。金大中的一系列举措不仅有力推进了韩国的反腐改革，也推动了韩国民主化的进程。

金大中政府的一系列制度反腐的规范举措以及推动构建韩国制度反腐系统和国家廉政建设体系^③，为的是根除韩国社会的腐败行为，营造公共部门廉洁正直的行政环境，使政府行政公开透明并深受民众信赖，社会更加公平公正，最终实现韩国国家透明的目标。^④

---

① 王建波.国外廉政建设述评［M］.武汉：武汉大学出版社，2016：195–196.

② 孙汉基.韩国反腐败法律体系的构建及启示［N］.法制日报，2014–10–15（12）.

③ 金波.韩国"两金"政权的制度反腐经验［J］.国际关系学院学报，2011（1）：63.

④ 马占稳.釜底抽薪：韩国现代化中的后期反腐败：韩国现代化进程中反腐败问题研究之二［J］.北京行政学院学报，2004（2）：17.

第三章

卢武铉政府的《反腐败——透明社会协约》

2002年12月25日，草根出身的卢武铉被选为韩国的第16届总统。他在就职演讲中提到，要铲除腐败，以实现可持续的经济增长和健康的社会。卢武铉决心要大力推动韩国的反腐败斗争和行政伦理建设，使韩国政府以及韩国社会的透明度和清廉度提升到新的层次。在清理腐败问题上，他主张结构性反腐。卢武铉当选总统后，提出重要的政治口号是，清算政企（权力与财阀）不分的劣根性，营造"不花钱的、干净的政治文化"。[①] 卢武铉在任期间采取了多项反腐败措施，提出并实施《腐败预防法》《公职腐败调查处罚法》等。

2005年7月26日，国家清廉委员会成立，其具体职能包括：制定和完善预防公共机关腐败的政策；对预防腐败的政策实施情况进行调查和评价；对预防腐败进行相关的教育和宣传；整合来自民间的力量和协调国际合作；接受和处理对公职人员的举报并保护腐败检举人。[②]

2006年，卢武铉政府提出反腐三大目标和五大推进方向。其中，反腐的三大目标是指通过反腐提升公务员的廉洁度、国家反腐治理实现透明的政府，以及通过打造健康社会提高国家竞争力；五大推进方向包括组织定期的反腐败活动与实践，完善反腐制度，确保举报、处

---

① 王建波.国外廉政建设述评［M］.武汉：武汉大学出版社，2016：196.

② 余澄.韩国反腐进程中国家廉政治理体系研究［D］.武汉：华中师范大学，2017：62.

罚的实效性，带动民众积极协商，努力制定高效的实质性对策。^① 基于此，韩国透明国际认为，韩国全社会各行政部门必须相互合作、同心联动，依靠整个社会的集体力量才能根除腐败，建立社会清廉透明且进步的新韩国。

在卢武铉的反腐三大目标和五大推进方向的指引下，2006年3月9日，韩国政府、政党、企业和社会团体领导人共同签署《反腐败——透明社会协约》（以下简称《协约》）。《协约》是由社会各界共同参与制定的一种共同承诺、共同约束性的协约，力求在政府的公共部门、政府部门内部、私营企业、公民社会之间达成。这一协约包括各反腐主体之间的协约议题、以协约议题为基础的各反腐主体间合作、协约执行程度的评价手段和监察以及后续执行组织等协约实践手段。《协约》最大的特色，就是把完成反腐败任务的义务对象扩大到韩国社会各成员，从以政府为中心的自上而下纵向管理转变为政治、经济、市民等社会各界共同参与的横向管理，从制度、文化、社会生活等方面深入推进反腐政策。^②《协约》可以认为是卢武铉政府反腐三大目标和五大推进方向的具体的实施制度，旨在把韩国打造成零腐败先进型透明社会。在《协约》的指引下，韩国公共部门、政府部门确立了反腐基本行动规划，建设反腐相关政策的基础设施以及成立机关反腐协议会等。公共部门（政府部门）要完善反腐败机制、政策与制度，推进公共服务伦理建设，与市民共同协商以加强反腐败教育；政治部门要加强国会议员伦理建设，编制政治资金相关条例和制度，改善政治环境；国会和政党建立特别委员会，推动制定反腐败透明协约实施细则；私营企业要加强管理透明度，制定企业伦理透明管理的发展计划，加强账

---

① 任勇. 韩国反腐败进程及其经验［D］. 国际资料信息，2007（4）：12.

② 이정주，강태경，황지태. 청렴사회를 위한 민관거버넌스 구축방향에 대한 연구：투명사회협약의 경험을 중심으로［J］. 입법과 정책，2019，11（1）：65-49.

目的透明度，改进法人治理，提升企业的社会责任感。公民社会作为
整个韩国社会的基础，要遵守宪章，提高社会责任心，积极参加反腐
与透明教育，加强公民的反腐参与度。[①] 该制度协约主要规定：韩国立
法部门对《腐败防止法》《公务员年金法》《公职人员伦理法》等相关
法律法规进行修订，授权反腐败委员会调查非法政治资金、追查相关
金融账户的权力，持有的非法政治资金和贪腐收入必须没收和追缴并
上缴国库，对公益举报保护措施和公职人员退休金限制范围等做较大
调整，取消国会议员不受拘捕的特权制度，限制贪腐公职人员的再就
业并且严控贪腐公职人员赦免、复权及减刑政策[②]，加强企业尤其是经
济部门的经营监管，改善监管法制，组建韩商会的伦理经营委员会等；
在市民社会层面上，鼓励社会市民参与立法，促成15万人共同制定
《市民参与宪章》，社会团体制定《伦理纲领》等。《协约》的成功推进，
取得了许多反腐成效。首先，反腐政策目标的明确性以及法制基础的
确立，并且将针对公职人员腐败问题的相关对策提升为国家主要政策
议题；其次，实现由原来政府部门主导的管理模式向社会各阶层各领
域共同参与模式的转型，韩国公众尤其是学术界对公约的推进给予必
要性的支持和建议，并且对协约的民众共享的执行成效做出努力；最
后，该协约的实施确保了政府反腐政策的正当性，改善了外界对政府
的信任度。[③]

　　政府清廉是国家现代化竞争的核心价值，也是政府信誉的基石。
卢武铉政府意识到以腐败容忍性为特征的结构性社会矛盾难以使韩国
进入先进型社会，因此必须将解决腐败问题放在国家政策的首要议题

① 马占稳.釜底抽薪：韩国现代化中的后期反腐败：韩国现代化进程中反腐败问题研究之二
[J].北京行政学院学报，2004（2）：17.

② 任勇.韩国反腐败进程及其经验[D].国际资料信息，2007（4）：12.

③ 이정주，강태경，황지태.청렴사회를 위한 민관거버넌스 구축방향에 대한 연구：투명
사회협약의 경험을 중심으로[J].입법과 정책，2019，11（1）：65-49.

上来。《协约》的确立，加强了反腐的实施力度与民众力量，反腐的参与主体扩大到全社会范围，反腐的实施范围渗透到除政府部门以外的其他领域，提升了反腐的实效性。韩国学界及民众对协约的推进以及成效给予了较高的支持，从制度性的实施、专家的评估并在国民报告大会公布协约的实施结果，这一系列的协约履行环节都体现出卢武铉政府力图与国民共同解决反腐问题。此外，大力倡导各平级部门和地区共同合作参与，加深清廉文化的传播。在《协约》的指引下，地区各部门共同参与地区反腐治理，共同建立健康民主的地区合作模式。《协约》对韩国地区清廉文化建设具有积极意义。①

　　在清廉度较低的韩国经济型社会现实环境下，《协约》的实施，对韩国社会整体提升清廉价值达成稳定的国民共识具有社会意义。但是，财阀的政治渗透无孔不入。2003年7月，卢武铉选举资金被曝光，包括获取财阀资金高达120亿韩元。三个月后，其亲信收取政治资金的丑闻也被曝光。2009年，卢武铉妻女卷入"朴渊次腐败门"事件。在这一腐败丑闻中，商人朴渊次被迫向40余名政府精英成员提供贿赂，一些接受贿赂的国家党政客有意泄露信息来反对执政党的总统候选人，卢武铉的政治丑闻迅速占据了传媒的头条，这引发了公众对政府腐败的普遍不满②，也直接打击了卢武铉政府的执政根基。卢武铉本人于2009年5月23日因受到"朴渊次腐败门"事件牵连而选择坠崖身亡。

---

① LEE C J，GAHNG T Y，TAE H J. 청렴사회를 위한 민관거버넌스 구축방향에 대한 연구：투명사회협약의 경험을 중심으로［J］. 입법과 정책，2019，11（1）：76-78.

② SCHOPF J C.From One-Stop Graft to Costly Corruption Webs：Democratisation and Shifting Patterns of Corruption in Korea［J］.Asian Journal of Social Science，2012，40（5-6）：635-663.

第四章

朴槿惠政府的反腐败法案《金英兰法》

朴槿惠上台后，陆续出台了多项惩治公职人员腐败问题的相关法律，对公职人员贪腐乱象给予有力打击。例如，修订《关于公务员犯罪的没收特别法修订案》《公职人员伦理法》等法律。

2011年，"奔驰女检察官"案件因无法获取收受贿赂与职务关联性的证据而最终被宣告无罪引发韩国国内的反思。2012年8月，前反贪法官、时任国民权益委员长的金英兰提出，公职人员有接受请托行为者，必须对其进行立法惩处。2015年3月3日，"史上最严厉"的框架性反腐法案《关于禁止不正当请托及收受财物等的法律》，即《金英兰法》被国会高票通过。《金英兰法》立法目的在于通过禁止向公职人员及相关人员提出不正当请托，禁止公职人员及相关人员接受经济或者其他利益，保证公职人员及相关人员公正履行职权，维护公共机构的公信力。2016年9月28日起该法全面实施，实施条例共四章、四十五条。该法案首先扩充了对法案所涉词汇"公共机构""公职人员或者相关人员""经济或者其他利益""相关机构的负责人"等的定义。其中"公共机构"包括国会、法院、宪法法院、选举委员会、审计署、人权委员会、中央行政机关及附属机构、地方政府和与公共服务有关的组织等；依据《基础和再次教育法》《高等教育法》《儿童早期教育法》及其他附属法律设立的不同等级的学校，以及依据《私人学校法》设立的教育公司、新闻媒体公司等。"公职人员或者相关人员"是指从公职

人员扩大到媒体界、私立学校和幼儿园等行业的职员及其家属等。^①

《金英兰法》对不正当请托和收受财物的申告方式、处理办法、结果通报等方面做出了详细的规定。^②法案第五条明确规定了不正当请托包括介入认可和许可过程、降低行政处罚、人事管理干涉、干预公共机构决策、交换影响力、学校成绩处理、征兵检查以及行政指导取缔等15类情形。在接受经济利益方面，《金英兰法》弥补了原有的法律漏洞，法案第八条明确提出，即便该利益与职权无关，也要进行处罚；公职人员及其配偶不允许索取或收受经济或利益。^③值得关注的是，此法律实施惩罚判定的标准也非常严格，有明确请托关系的金钱往来行为，或者没有明确目的的人情交往都给予相应的处罚。该法案是推进反腐制度建设的重要一环，更是对韩国社会"人情文化"的极大冲击。^④另外，该法案对财务也进行了明确界定，其中涵盖了有形财物，如钞票、交通工具、礼品、票券等，也有一些无形的获利行为，例如食宿招待、工作安排、降免债务等。^⑤在执行该法的命令文件的附录中，还对一些相关公职人员人情往来的主要项目，包括餐饮、礼品和红白礼金等的开销和公职人员非公差讲演的酬劳进行设限。

《金英兰法》制定的目的是根除韩国社会由来已久的请托与人情恶习，《金英兰法》至今在预防和遏制腐败方面仍具有重要影响。朴槿惠政权末期，签发《关于执行〈预防腐败及韩国反腐败和公民权益委员会管理法〉的总统令》等文件。《金英兰法》等的实施有利于提升韩国

① 左袖阳.韩国《禁止不正当请托与收受贿赂法》(《金英兰法》)[J].经济刑法，2017（1）：289–302.

② 左袖阳.韩国《禁止不正当请托与收受贿赂法》(《金英兰法》)[J].经济刑法，2017（1）：289–302.

③ 左袖阳.韩国《禁止不正当请托与收受贿赂法》(《金英兰法》)[J].经济刑法，2017（1）：289–302.

④ 王晓玲.《金英兰法》：向"人情文化"说不[J].世界知识，2016（18）：28–29.

⑤ 高荣伟.《金英兰法》：粉色反腐炮弹[J].检察风云，2016（5）：52–53.

社会的透明度，并对韩国的政治生态起到持久改善的作用。① 某日本媒体发表评论文章称，该法案受到了对贫富差距强烈不满的韩国老百姓的欢迎，是韩国反腐进程中一部防止官商往来的、具有划时代意义的反腐制度法典，被誉为韩国的"反腐利器"。但最终能否顺利被实施仍具有不确定性。②

《金英兰法》在韩国各界存在诸多争议。从《金英兰法》与职权相关联标准来看，《金英兰法》的直接对象多达300万人，但若考虑间接适用范围，事实上间接对象是全体韩国人。③ 若有公职人员或其配偶单次受贿超百万韩元或年总受贿300万韩元的同等价值的有形获利或无形获利，无论是否牵涉其职权，都将被判处三年以下有期徒刑或处罚五倍行贿价值金额。若受贿获利价值不超百万韩元，也应被刑事判罚。此外，总统令中将另外规定红白喜事等风俗礼金相关事项，对与职权相关联的判罚标准，在韩国社会舆论中的质疑声音不断。④ 在惩戒方式上，部分质疑者认为，该法案对刑事判定的年限过短，这不足以根治韩国根深蒂固的请托文化；另一部分质疑者认为该法律惩罚过重，违背现行法律上禁止过度处罚的原则。⑤ 另外，《金英兰法》是否以具备请托为前提来判定犯罪；受贿百万韩元以下的情况如何处理；总统令另行规定人情往来，是否意味着大量情况下可排除《金英兰法》的适用；配偶受贿追究公职人员责任等问题也存在较多质疑声。⑥

① 王生，骆文杰.韩国历届政府反腐败治理的经验及借鉴研究［J］.东疆学刊，2019，36（1）：21.

② 郝斐然.日媒谈韩国反腐法案：能否顺利实施仍是未知数［EB/OL］.中国新闻网，2015-05-07.

③ 高荣伟.《金英兰法》：粉色反腐炮弹［J］.检察风云，2016（5）：52-53.

④ 李忠东.韩国：对腐败全面开战［J］.检察风云，2015（9）：62-63.

⑤ 王刚.《金英兰法》惩戒效果仍有待观察［M］.法制日报，2013-07-09（11）.

⑥ 赵煜.《金英兰法》一部斩向人情社会腐败行为之法［N］.中国纪检监察报，2015-03-31（8）.

第五章

文在寅政府以"政治清算"为特征的强力反腐

2017年5月10日，韩国首位在全国各地拥有均衡支持率的民选第18届总统文在寅在发表就职演讲中明确表示：要从权威式总统的惯例开始清算，走出青瓦台，开启"光华门总统时代"，他还承诺，在任期内，将致力于"清除政治积弊"，根治"政商勾结"；与民众分享权力，改革权力过度膨胀、缺乏监督的韩国公共部门，将权力机关与政治机关脱离形成独立机关；他将致力于打破韩国当前分裂的社会现状，推进财阀改革。①

第一节　清理旧的政治秩序

2016年10月爆发的韩国政界丑闻"崔顺实干政事件"，牵涉范围广，危害程度深，使得民众开始质疑本国诚信的方向。这场"闺密干政"的丑闻事件暴露出韩国内部巨大的政治危机，掀起了一场韩国数十年之久的反腐改革。2016年的丑闻推动韩国进入改革关键期，也使

---

① 성연철 . 문재인 대통령 취임사 [EB/OL] . 한겨레신문, 2022-05-10.

文在寅政府反思当前控制和预防长期腐败问题的政策和措施。① 文在寅政府上台不久后，韩国反腐败和国民权益委员会就出台《新政府反腐大纲》。文在寅深知韩国政治现状，对于前任朴槿惠政府的腐败垮台给韩国社会带来的震动，他坚定表示："通过成功地克服危机，国家逐渐认识到其人民和整个社会永远不会容忍腐败，这一事件也充分证实国家有能力打击腐败。这场危机让韩国获得了更成熟的民主，并收获了更多公众对政府的信任和希望。"②

　　文在寅的"积弊清算"，掀起了韩国政界激烈的党派争斗，韩国检方随即展开对朴槿惠、李明博两位保守派前总统的调查。最终在2020年7月10日，韩国最高法院对朴槿惠亲信干政案、干涉选举案以及国情院受贿案作出终审宣判，朴槿惠共获刑22年。朴槿惠参与政商勾结，收受贿赂，三星、乐天、SK等韩国垄断性企业集团对其皆有行贿行为。"三星太子"李在镕因此被捕入狱，经调查，韩国政府介入支持三星的产业合并，朴槿惠及其亲信崔顺实收受三星的高额回报资金。朴槿惠时期，韩国大财阀的弊端极为凸显，成为韩国经济发展中的痛点。

　　因此，文在寅政府实施内政的重点是，采取制度性措施来限制财阀。他在大选阶段时就提出，要将三星、现代、SK和LG四大财团作为经济改革的重点对象，并对财阀与政府部门的重大经济犯罪往来采取"不宽容原则"，这从一定程度上限制了政商勾结。三星财阀影响韩国经济的诸多方面，所以文在寅当选后慎重对待三星等大财阀改革问题。文在寅提出了限制大财阀交叉持股、增加大财阀公司治理透明度的纲领。文在寅还提出多项大财团企业内部限制制度，如导入集中投

① CHOI J W. Corruption Control and Prevention in the Korean Government: Achievements and Challenges from An Institutional Perspective [J] .Asian Education And Development Studies，2018，7（3）：303-314.

② 王生，骆文杰.韩国历届政府反腐败治理的经验及借鉴研究 [J] .东疆学刊，2019，36（1）：21.

票制、多重代表诉讼制和工人推荐理事制等，这些制度的实施将弱化财阀家族式权力垄断，提升小股东和工人的福利待遇，使大企业财务透明度得到改善。①

2018年3月22日晚，韩国首尔中央地方法院以前总统李明博受贿贪污罪对其进行逮捕。韩国检察院指控李明博涉嫌挪用公款、滥用职权、收受贿赂、逃税漏税等近20项罪名。② 2020年10月29日，韩国最高法院对李明博的贪污受贿案作出终审判决，判处李明博有期徒刑17年。③ 韩国建国大学法学教授韩尚熙认为，当前韩国社会对"法治"的界定存在问题，普遍认为"法治"就是"凌驾于法律之上的对国民发号施令的国家权力"。这意味着，法律部门、行政机构等成为最高领导人专设的权力部门。李明博等多位前总统都曾享受过国家强力部门国家情报院的特殊活动费用。在这种所谓的"民主""法制"的社会，国民意识中会自然"默许"政治人士，尤其是拥有最高政治权力的人以"政治清算"式的制度手段来惩治韩国社会的不法行为。所以，文在寅政府大力推动韩国政治民主改革，力求打破政商勾结的社会生态、埋葬腐旧的政治流弊。④ 2020年11月30日，韩国前总统全斗焕因涉嫌诽谤和歪曲事实而再次受审，89岁的全斗焕曾被判处死刑，而后在金大中时期被大赦。现如今，文在寅总统上台掀起了以"政治清算"为显著特征的反腐浪潮，继朴槿惠、李明博之后，又一位保守派全斗焕也难逃历史的审判。

文在寅的反腐举措实际上是埋葬韩国旧的政治秩序，建立新的政治秩序。文在寅的政治清算不会停止，这不仅因为前总统卢武铉之死

---

① 刘晓将.财阀：韩国经济的亮点与痛点［J］.全球商业经典，2017（7）：66-73.

② 金凯.李明博被批捕：韩国前总统为何总难"善终"［J］.记者观察，2018（10）：66-67.

③ 刘恋.78岁韩国前总统李明博再次入狱，将服刑17年［EB/OL］.澎湃新闻，2020-11-02.

④ 金凯.李明博被批捕：韩国前总统为何总难"善终"［J］.记者观察，2018（10）：66-67.

等私人恩怨抑或是党派之争的惯性，更是为了韩国建国以来政治文化背景下缺失的公平公道。如果文在寅不能清醒地认识并解决好这一问题，也终将难逃"政治清算"的怪圈。文在寅新政府清理的不仅是前任政府，更是充满贪腐气息的旧时代，而他决心巩固的不仅是新生政府的公信力，更是韩国社会的新未来。

第二节 反腐改革新举措

根据透明国际官方数据显示，韩国2018年的腐败感知指数达到57，较上一年增长3个百分点。韩国在近200个国家中排名为45位，较上一年提升了6位。从地区来看，韩国在可持续治理和转型指数方面有较大改善，这两项指数是用来衡量政府官员滥用职权谋取个人利益潜在的可能性。此外，韩国的政商勾结现象也得到改善。针对文在寅政府上台以来的大力反腐，透明韩国表示，"这表明了文在寅政府为以根除韩国社会以往存在的腐败恶行作为其首要政策目标而努力的结果，以及通过反腐败改革来实现一个'透明的韩国'的第二优先目标的结果"[1]。

为了彻底消除韩国高层腐败的根基，对任职总统的权力进行限制，2018年1月10日，文在寅提出慎推修宪，他呼吁将现有宪法中总统5年任期修改为4年，并可连任一届。[2] 文在寅提出宪法修正案，其实质是通过该修正案制衡任职总统的权力。韩国往届政府对反腐败所做出的努力取得了一定程度的成功，但腐败的根基基本未受影响。造成这样

---

① Gov't Reform Drive Raises Korea's Anti-corruption Ranking to Record High Works [EB/OL]. Korea，net，2019-01-30.

② 千帆.文在寅：慎推修宪 不求连任 目前韩国总统任期5年，不允许连任 [EB/OL].中国青年网，2018-01-12.

结果的一部分原因是以总统为中心的政治体制对执法的不当干预，以及现行反腐败措施的不彻底执行。由于遭到在野党的强烈抵制，宪法修正案在最终时刻未获国会通过。

2018年4月18日，在第二次反腐倡廉政策协议会议上，文在寅提出《2018—2022年反腐倡廉五年综合规划》（以下简称《规划》），提出要建设更加廉洁社会的中长期路线规划。韩国市民参与该《规划》从政策制定到评价的整个实施过程，反腐倡廉政策的适用范围由韩国公共部门扩大到工商界、市民社会。自《规划》实施之日起，韩国政府将结合各相关机构反腐议题和民众相关反馈意见制定出以共同清廉、廉洁公职社会、透明经营环境、实践清廉为主要目标的四大战略和50项课题，由国民权益委员会定期监测课题贯彻执行情况并向民众汇报政府工作成果，力求至2022年达成让廉洁文化融入韩国社会各个领域的目标。[①] 总统府还表示，"我们将尽最大努力，忠实执行最近宣布的五年全面反腐败规划，使韩国成为一个公正的国家"[②]。在《规划》的基础上，文在寅政府还成立独立调查高级官员及家属贪腐行为的"高官犯罪调查处"，针对受贿、贪污等五项重大贪腐行为，政府加大处罚力度，定期公开相关统计资料；政府还设立"举报日"，鼓励民众积极参与举报，并面向全体公职人员展开廉洁教育；加强对企业的反腐力度，营造透明的经营环境。[③]

长期以来，在韩国司法界盛行一种"潜规则"，是指司法界已退休高层公职人员转业仍可享受与在职期间同等待遇。针对司法界的这种"前官礼遇"等特权问题，文在寅下定决心将大力推进检察机关"鞭策改革"，并称："从现在开始，我们要制定，无论是谁成为检察总长，都

---

① 韩政府公布反腐五年规划［EB/OL］.韩联社，2018-04-18.

② Gov't Reform Drive Raises Korea's Anti-corruption Ranking to Record High Works［EB/OL］. Korea，net，2019-01-30.

③ 马菲.韩国政府重拳出击整治腐败［N］.人民日报，2018-04-23（21）.

不会动摇的公正反腐败系统。"2019年11月8日，文在寅在青瓦台主持召开反腐政策协商会议，他提出必须破除司法界"前官礼遇"，提升韩国国民对司法界的信任度。会议决定组建由韩国检察院、律师协会、相关专家共同组成的"杜绝司法界前官礼遇工作组"，制定新的规章制度方案并确保现行制度有效落实，同时进行立法监督。在相关为民所需的改革领域，文在寅强调要加强社会公平性的改革实施方案，因此该协商会议加快了韩国政治改革的进程。[①] 近半年后，再次召开反腐政策协商会第六次会议，文在寅提出权力机关要相互协作推进反腐改革工作顺利进行，法务部和监察厅不久前分别成立人权调查组，两大权力机关要加强相互合作，共同制定改革之策。[②]

长久以来，韩国检察机关权力过度膨胀成为韩国社会的贪腐隐患，文在寅认为"已经到了检察体制改革的最后阶段"，竞选之初就曾承诺设立专治"大老虎"的独立反腐部门。2019年12月30日，召开韩国国会全体会议，《关于设立高层公职人员犯罪调查处的法案》（以下简称《法案》）由国会通过，被青瓦台高度评价为"反腐历程中具有历史性的一刻"，对于实现从制度上制衡垄断公诉权65年之久的检察机关具有重大意义。《法案》规定，调查处的调查对象包括韩国最高领导人、国会议员、大法院院长及大法官、宪法法院院长及宪法法官等各高层公职人员。此外，《法案》明文规定最高领导人和总统府无权干涉调查处处理案件。[③]

《法案》通过后，韩国总统文在寅任命执政党议员秋美爱为法务部长官。从文在寅的这一系列举措可看出，文在寅希望创造更切实的反

① 郭炘蔚.韩总统文在寅召开反腐会议 强调改革建设公平社会［EB/OL］.中国新闻网，2019-11-08.

② 边龙珠.文在寅呼吁权力机关携手合作推进改革［EB/OL］.韩联社，2020-06-22.

③ 刘强.韩检方特权被剥夺！文在寅将成立独立反腐部门，专打"大老虎"［EB/OL］.海外网，2019-12-31.

腐新变化，从权力机关入手主动推进改革，打造公正社会。文在寅曾
在新年致辞中明确表示，任何权力机关都无法凌驾于国民之上，他将
不断推进法制改革，重拾国民对权力机关的信任。[①] 令人唏嘘的是，继
"曹国事件"后，文在寅委以重任的法务部长官秋美爱也陷入"儿子休
假门"事件，这必然会对文在寅推进的制度改革造成一定程度的消极
影响。

　　无论是金泳三政府的"清理上水""正本清源"，还是金大中政府
的预防性反腐、卢武铉总统的全民反腐、朴槿惠总统的最严反腐乃至
文在寅总统的清算反腐，韩国历届政府推进的制度反腐都具有普适性、
彻底性、稳定性、全局性和预防性的特点。韩国的历届制度反腐覆盖
韩国包括总统在内的全体民众，并且关涉不同层面，不存在任何法外
死角。因此，反腐的制度建设是庞大复杂的工程，制度建设需各层面
密切配合、相互合作。制度反腐的成果对于韩国现代化进程的影响是
深远的，为提高反腐效率和巩固反腐成果，韩国的历届政府对反腐工
作仍坚持不懈，继续大力推进。[②]

---

① 边龙珠.文在寅呼吁权力机关携手合作推进改革［EB/OL］.韩联社，2020-06-22.
② 罗凤梅.韩国的反腐经验与启示［J］.检察风云（预防职务犯罪专刊），2012（4）：49.

韩国政府反腐败政策的启示：一种规范文化体系的重建

韩国反腐败治理经历了从运动反腐到制度反腐的长期过程，从中我们可以得到一些启示：腐败现象既是一种规范危象，也是规范文化蜕变的产物。反腐败政策的制定和实施的过程，就是在重建规范文化体系的过程，最终实现制度规范文化与道德规范文化的统一、公务员职业道德规范与全民道德规范的统一以及公务员职业道德自律与他律的统一。

第一章

规范与规范文化颓变

急功近利的经济追求和政治制度的缺陷会导致腐败现象的产生和加剧蔓延，并且由于文化转型所造成的规范危象和规范文化颓变，也在很大程度上为腐败现象的滋生创造了绝佳的土壤。

第一节　规范危象

对于"规范"的解释，中国学者从传统意义上大都将其理解为规矩或者是标准，常用于描述某人的某种言行合乎"规范"。《论语·子张》："大德不逾闲。"《晋书·戴逵传》："苟失其本，又有越检之行，情理俱亏。"这两句话中的"闲"和"检"可以理解为规定、标准，其实就属于规范的范畴。"逾闲"和"越检"意思就是超出或越过规范。关于规范的定义，认为博弈规则和语法规则体现出规范的构成性，规定规章又体现了规范的限制性特征。除此之外，具有描述性的自然法，具有规定性的国家法，兼有两种特性的逻辑规则，以及习惯、命令、技术规范、道德规范等等，都是规范的一部分。[①] 简单地说，规范就是一种限制，通过限制形成规范，遵守规范就是服从了这样那样的限制。但

---

① 　WRIGHT G.Norm and Action: A Logical Enquiry[M].London: Routledge and Kegan Paul,1963: 4–16.

是，规范和限制也不能完全画等号，规范的主体是人，但限制的主体还包括非人主体，如动物。动物服从限制的过程是自发本能的，是毫无目的的。由于理性作为人的特质，人在长期的社会实践过程中会发现并认知到规范的意义，使得遵守某种规范就有了现实的需要，那么就会制定人与人、人与自然、人与社会关系的一系列限制。由于这些限制构成的规范就内含了其独有的文化特质，从而与动物适应自然限制的本能行为区别开来。

在社会文化发生急剧转变时，规范危象也会随之产生。规范危象的出现再加上过于高度集中的权力就会加速腐败现象的滋生。所以在文化转型时期，腐败现象尤为常见。在这一时期表现出来的规范危象主要包括以下几个方面：规范真空、规范冲突、规范不清和规范失败。

首先是规范真空。规范真空是指人在某一范围内的行为出现无规范的现象或者是说出现了一个没有规范的行为范围。由于文化转型的影响，人就会改变旧的某些行为方式，那么，也就会逐渐否定旧的行为规范。旧的行为规范被否定，而新的行为规范尚未形成，在这个时间差阶段，就会出现行为的无限制无约束也就是规范真空的现象。中国在计划经济体制到市场经济体制过渡时，规范真空的现象也频频发生。规范真空给腐败行为的滋生创造了良好的时机。改革开放带来的经济收益使得权力高度集中于先富起来的一部分人手中，而旧的政治经济体制以及行为准则规范尚未得到升级变革，这样就形成了旧的制度规范落后于改革开放的新的行为方式的"时间差"，在这个新旧制度接轨的"时间差"阶段，有一些谋私者就开始利用漏洞和不完善的地方，"无孔不入"地获取非法收入。当新的法律制度规范制定实施之后，由于对于谋私者之前的罪责无法可依、无可查证，所以对他们的腐败行为只能既往不咎。

其次是规范冲突。规范冲突是指两种不同的规范文化碰撞产生的分歧和冲突。文化发生转型时，新的规范文化是对旧的规范文化的继承、扬弃和创新改造。既然新的规范文化要扬弃要创新，那么，新旧规范文化在碰撞时就会出现冲突。对于社会个体而言，旧的规范文化或者规范文化体系已经被长时间接纳，当被要求遵循新的规范文化时，每个社会个体内心就会出现认同新的还是旧的规范文化的冲突。中国经济体制经历了从计划经济到市场经济的过渡，这是在总结经济发展经验教训的基础上进行的社会主义制度的自我完善。新的经济制度是在旧的经济制度的土壤中加以改革后逐渐形成的，存在一个渐进的过程，两种经济制度在接轨时期呈现出新旧碰撞交织的状态。与此同时，公职人员在日常工作中也就会出现各种分歧和摩擦，表现在经济、政治、文化、价值观等各个方面的某个阶段的冲突和混乱。市场经济带来的是发展经济的众多可能性，由于利益主体存在更多的竞争性和利益关系的复杂化，有些利益主体为了获得优先的经济发展的稀缺资源，就会采取一系列非法手段，想尽一切办法来赢得竞争的主导地位。有的甚至依靠"糖衣炮弹"，以发展经济为由，直接与拥有支配稀缺资源权力的公职人员达成某种协议，所以就出现了反腐败和发展经济对立的现象。

再次是规范不清。规范不清是指社会个体对于什么是规范以及如何遵循规范的认识模糊不清。一般情况下，存在两种类型的规范不清：第一种，社会个体在日常工作中是遵循政府制定的法律条文式的规范，还是遵循有实际可操作性的规范；第二种，由于社会个体的社会流动性，导致其在某一地域、某一时期遵循的规范与另一地域和时期遵循的规范存在差异，所以就会产生个体的规范不清。很多国家在制定反腐败政策时，为了避免政策制定的失误，决策者往往都会制定全面的、体系化的反腐败制度，但这些制度落地和执行时会表现为一些留有很大余地的政策。这个时候社会个体难以明确什么可以做，什么不可以做，对结果的处理也模糊不清。规范不清一方面直接影响社会个体对规范的遵循，另一方面也不利于反腐败政策的执行。

最后是规范失败。规范失败是指在文化转型时期，新的规范文化有一个逐步形成的过程，由于其缺乏合理性和实践性，社会个体就对新的规范存在质疑，甚至是视而不见，这个时候规范就失去了其限制个体某些行为的意义，也就是规范失败。在文化或制度转型期间，由于社会个体对新规范的认同有一个渐进的过程，所以初期的规范失败是可以理解的。但是，如果这种规范失败被腐败力量所利用就会形成一股反制度规范力量，那么不仅腐败现象无法得到治理，制度规范也难以转型成功。

第二节　规范文化蜕变

那么，什么是规范文化呢？规范文化的主体是社会个体，它是指对社会个体的行为方式、行为目的和行为范围有着规范意义的文化范畴。一般来说，规范文化有两种类型：一种是行为规范，对社会个体的行为方式做出明确的具体的规范，也被称为是硬规范；一种是价值规范，包括价值观念、价值目标，是比较抽象和模糊的规范，也被称为软规范。虽然价值规范不是直接的可操作的，但对社会个体行为的指导意义是非常重要的，行为规范对社会个体的影响是直接可以看得到的，价值规范是潜移默化地渗透到社会个体的行为认知中的。所以说，社会个体的行为规范中映射着价值理念和价值目标，价值规范最终也必须通过行为规范来发挥作用。因此，价值规范是非正式规范，而行为规范则是正式规范。

对于腐败的解释："所谓腐败，乃是通过关系而有意识地不遵从规则，试图从该行为中为个人或相关的个体谋取利益。"[①] 还有一部分学者简单的理解："腐败是为谋取个人私利而滥用公共权力。"从规范和规范文化角度来说，腐败是有公权力的人员违背规范文化牟取非法利益的行为。腐败动机要现实化为腐败行为的原因，从规范文化角度来讲，主要有规范文化的滞后、规范文化内部结构的缺陷、不同的规范文化的碰撞三个理由。

第一，规范文化的滞后。历史唯物主义观的核心内容是社会存在决定社会意识，规范文化作为社会意识的一种，也有其社会存在，即一定时期的社会存在决定一定时期的规范文化。社会意识具有相对独立性，同样地，规范文化一经形成之后也保持了相对稳定性。如果规范文化没有稳定性，那么社会个体就不可能通过受教育的过程适应规范文化，最后被规范文化所制约。规范文化的滞后有两种具体情况：一种是社会存在由于生产力的发展发生了翻天覆地的变化，而规范文化对应于过去的社会存在保持原有的文化体系；一种是社会存在的一些领域开始发生变化，而现有的规范文化的某些要素已经开始不适应变化了的社会存在。第一种是整体的规范文化滞后，第二种是小范围的规范文化滞后。在反腐败治理初期，由于反腐败的制度规定还不能够完全遏制腐败现象，规范文化的滞后就会给腐败分子以可乘之机。

第二，规范文化内部结构的缺陷。在不同发展阶段的社会，会形成不同的规范文化。各个时期的规范文化都有其优点和缺点，并不是完美无缺的。规范文化一旦存在明显缺陷，某些公职人员就会钻这个空子"狠狠地捞一把"，而且还不会受到严惩。规范文化内部结构的缺陷在一定程度上就会给试图谋私者创造机会。

第三，不同的规范文化的碰撞。两种或者两种以上的文化接触之

---

① 胡鞍钢.中国：挑战腐败［M］.杭州：浙江人民出版社，2001：211.

后，由于某些理念的差异就会发生碰撞。社会个体在不同的规范文化碰撞时就会对自己产生怀疑，内心对该遵循何种文化产生冲突。公职人员一方面需要遵循原先的规范文化，另一方面又受到外来规范文化的影响。在两种规范文化之间权衡利弊，一部分公职人员就会为了一己私利选择有悖于旧的规范文化而合乎于新的规范文化的行为。

第二章

反腐败政策：重建规范文化体系

　　规范危象的出现与规范文化的蜕变滋生了腐败行为，反腐败政策的实施则是在重建规范文化体系。重新构建反腐败的规范文化体系，需要通过坚持发挥先进文化对反腐败规范建设的引领作用、树立深厚的规范文化精神、坚定公职人员的规范意志三种手段。

　　第一，坚持发挥先进文化对反腐败规范建设的引领作用。先进文化是科学的文化，代表着时代发展的脉搏、社会进步的方向和人民的意志，是在继承、扬弃和创新的过程中促进社会向前发展的优秀的文化。先进文化作为一种社会意识，它能够反映一定时期的社会经济和政治，会对社会个体产生潜移默化的影响，提高社会个体的思想道德素质，进而提高公职人员拒腐防变的能力，从而促进经济的发展和政治的民主化。从腐败的治理实践来说，要发挥先进文化对反腐败规范建设的指导和引领作用。先进文化能够给反腐败规范的建设提供充足的理论基础和思想保障，为反腐败规范提供文化基础。改革开放以来，人们对反腐败的认识是一致且坚定的，但有些时候也会出现"一手硬，一手软"的情况，这就说明先进文化对反腐败规范建设的指导作用还发挥得并不完美。有些行政部门在日常工作中不重视反腐败，对于反腐败治理缺乏全面、系统的认识，对于反腐败制度规范和政策态度消极、执行不力甚至有些时候直接视而不见。有的公职人员将反腐败和发展经济对立起来，主张反腐败不利于改革开放和经济的发展；有的甚至直接认为经济不发达才是腐败产生的原因，鼓吹通过促进经济的发展来防止腐败现象的产生。没有先进文化的引领作用，公职人员甚至成为腐朽文化和糟粕文化的典型代表。所以，先进文化必须指导反腐败规范建设，增强反腐败规范建设的科学性和有效性。

第二，树立深厚的规范文化精神。规范文化精神是从思想的高度对社会个体的具体行为进行规制，是具体行为规范的抽象，是规范文化的核心和本质在社会个体思想上的升华和体现。在反腐败实践中，这种规范文化精神不仅体现在公职人员个体的日常行为方式中，而且来源于公职人员个体的思想深处。一方面，它无时无刻不在对公职人员的具体行为进行规制和约束；另一方面，它会潜移默化地对公职人员个体的整个行政生涯乃至生活和日常行为产生影响。规范文化精神是公职人员行为的精神内核，与具体的行为规范密切相关，但二者又有所区别。具体的行为规范具有很强的灵活性和可塑性，如果某一种行为规范在当前时代环境中并不适用，很快就会发生变革。而规范文化精神作为一种内化的精神和思想，一经形成就很难在短时间内在个体层面被推翻，因此新的规范文化精神取代旧的规范文化精神的过程也需要经历很长一段时间。规范理性是客观的，规范情感是主观的，规范文化精神则是规范理性和规范情感结合的产物。假如公职人员没有树立深厚的规范文化精神，仅仅是遵循某一种具体的行为规范，当其所处的行政环境发生改变时，可能就会继续遵循原先的行为规范，导致新形式腐败行为的出现。

第三，坚定公职人员的规范意志。意志是指人们制定了目标之后，开始改变自己的行为，努力提升自己，不断地克服困难，最终实现目标的心理过程。在反腐败治理的语境下，意志就是指公职人员依据规范来支配和调节自己行政方式的心理过程。在反腐败治理过程中，规范意志的支配和调节作用在实践中是以两种方式出现：第一，规范意志的作用表现在廉政行为上，就意味着要排除外来干扰和阻力，使得廉政行为的方向是坚定地面向规范的目标。如果没有这一意志的作用，廉洁的规范行为就有可能因封锁而被抛弃，反腐败目标也有可能被破坏。第二，规范意志在打击腐败行为方面的作用，具体表现为抵制公职人员通过不正当方式获取私利，即防止和禁止公职人员的任何形式的腐败。如果没有这种意志的作用，贪婪的念头就有可能经不住诱惑而不受规范的约束，腐败就无法被有效地阻止。坚定公职人员的规范意志需要考虑到以下方面的方法：首先，要树立正确的世界观、人生观、价值观和从政观，远离腐朽文化的渗透；其次，要正确理解规范文化，提高自觉遵循规范文化的意识；再次，努力培养对压力的抵抗力，提高克服困难的能力；最后，增强自我规范的意志。

第三章

制度规范和道德规范的统一

　　制度规范和道德规范都是社会个体的行为规范，它们都对社会关系有调节的作用。关于制度和道德二者的关系，孔子和孟子都曾有论述，孔子认为"宽以济猛，猛以济宽，政是以和"，孟子主张"徒善不足以为政，徒法不足以自行"。张中秋在《中西法律文化比较研究》一书中也提出"无德惟刑"或"无刑唯德"必然要导致社会的不安与统治的腐败。① 制度和道德必须相互结合才能更好地进行社会治理。在反腐败实践中，虽然制度规范和道德规范的出发点都是为了防止腐败现象的出现，但由于制度规范和道德规范各有优势和缺陷，各自规范的领域有所差异，所以两者必须相互渗透、相互补充、相互影响，才能实现制度规范和道德规范的统一。

　　韩国的反腐败制度规范建设从朴正熙政府开始，他在位期间制定了《治理非法财产处理法》，并进行了"庶政刷新运动"。在他之后，从全斗焕时期的《公职人员伦理法》和"社会净化运动"，到卢泰愚政府的"新秩序、新生活运动"，韩国的反腐败制度规范建设趋于完善。韩国反腐败制度建设发展的关键时期是金泳三执政时期，当时行政的高透明度极大地推动了反腐败制度的建设。接下来的金大中和卢武铉政府对于反腐败治理的最大贡献是《腐败防止法》的出台，在这一时期，政府还鼓励市民参与监督，提升了市民通过合法途径反腐的意识

---

　　① 张中秋.中西法律文化比较分析［M］.北京：法律出版社，2009：1.

和能力。也就是在金大中政权之后，韩国的反腐败制度规范建设进入了一个相对稳定和牢固的时期，情报和信息系统的建立和完备使政府的行政透明度提高，市民监督公职人员行政行为的意识不断增强，由此反腐败制度规范更加健全。李明博、朴槿惠和文在寅政权时期，基本延续了之前的反腐路径，韩国的反腐败制度建设更加成熟。因此，韩国反腐败制度同历史制度建设、稳定持续性和重大过渡相通的制度性变化一样，逐渐出现持续稳定的现象。^① 概括地说，韩国反腐败制度在朴正熙、全斗焕时期逐步形成，卢泰愚、金泳三时期进行了重大调整，到金大中、卢武铉、李明博时期进一步深化和发展。

从韩国的反腐败治理中可以得出宝贵的治腐经验，那就是制度规范建设在打击腐败分子和保证政府的廉洁行政上发挥了重要的作用。制度规范以其对公职人员强制性的行为限制，成为韩国反腐败治理的重要手段。制度规范建设往往是以相关的法律和规定为支撑。首先，韩国颁布了一系列的腐败治理法律，在此基础上制定相应的制度，各项制度相互配合、相互补充，最终形成反腐败制度体系。其次，反腐败制度的政策需要通过法律规定的反腐败机构来执行，这就需要反腐败机构的公职人员严格要求自己，遵守相关的法律条文，依法惩治腐败分子，维护反腐败制度和法律的尊严。

制度规范在反腐败实践中的优势体现在以下几个方面：首先，制度规范在腐败治理过程中发挥着强有力的保障作用。完善的制度规范能促进道德"他律"作用的发挥，社会个体的监督就会在思想和行动层面都受到保障；制度规范能够确保政务信息的公开，从而有利于监督个体更准确地监督；制度规范赋予监督个体进行监督的权力，使得监督行为更加有效。所以说，在腐败治理中，道德规范发挥"他律"作

---

① HALL P A, TAYLOR C R. The Potential of Historical Institutionalism: A Response to Hay and Wincott [J]. Political Studies, 2019, 46 (5): 958 - 962.

用的前提是制度规范的完善。

其次，在腐败的治理过程中，制度规范的效果显现迅速。健康的社会风尚、高素质的公职人员能够更好地防止腐败的出现，但健康的社会风尚的形成和公职人员的思想道德素质的提高必须经历一个较为长期的过程，需要许多人的努力。尽管制度规范的建设和完善需要一个过程，同时也需要不断的试错和改革进步，不是一蹴而就的，但中国的反腐败治理可以在汲取韩国反腐制度建设的经验的基础上，结合当下腐败现象的原因和特点，制定一套操作性强、科学的和完善的反腐败制度规范。这样，制度规范就能够快速有效地约束公职人员的行政行为，降低腐败分子的腐败动机，从而遏制他们的腐败行为。

制度规范对于反腐败治理具有很强的威慑力。制度规范对公职人员有着"必须怎么做"的刚性要求，它直接规制公职人员的行为尺度。在一定程度上，行为规范就是公职人员的行为准则，必须遵循，一经违反，就会受到以国家强制力为保障的法律的严惩，情节严重者，直接撤销其参与行政的权利。相反，道德规范是一种软性约束，通过良好的社会风尚的形成和高素质的公职人员的培养，使公职人员得到内心的净化，从而实现反腐败的目的。在反腐败实践中，道德规范的作用是补充性的，如果社会基本处于一个良好的氛围时期，腐败现象很少发生，那么道德规范就可以起到主要的反腐作用。但是如果在腐败现象频发的社会背景下，就需要制度规范以强有力的威慑来从根本和源头上治理腐败，严惩腐败分子以警示有腐败倾向的公职人员，不能滥用职权以权谋私。

在反腐败治理过程中，由于制度制定者的认识和阶级立场的局限以及制度调整范围的有限，制度规范反腐也存在一定的局限性。因此，道德规范反腐的弥补作用就很重要。

第一，从时间意义上来说，与制度规范相比，道德规范具有超前性。道德规范能够反映较长时期的社会风尚，具有预知历史发展走向的功能。在一定程度上，道德在反腐败治理中的意义是弘扬社会美德，它可以间接地对公职人员进行事前教育，事中监督，事后反思。道德规范可以提高公职人员的思想道德修养，通过道德舆论向有腐败倾向的公职人员施压，防止他们以权谋私。同时，道德规范对社会历史的发展趋势有预知功能，也就能更准确地界定善与恶、合法与非法、正义与非正义。当面对某些公职人员的腐败行为时，人们在道德规范的影响下，就会做出正确的价值判断，对有谋私动机的公职人员进行谴责。然而，制度规范的作用只是在事中规范公职人员的行为，在事后对非法牟私利的公职人员进行惩罚，以防止其再次腐败。制度的重点功能是惩治，但腐败行为已经扰乱了当时的社会公序良俗。道德规范的超前性就能弥补制度规范的滞后性带来的危害，从而更好地减少腐败现象的出现。

第二，道德规范反腐具有深层次的强制性。道德规范不仅是个体内心的思想约束，而且会受到全社会道德舆论的监督。道德规范一方面会让腐败分子意识到自身的错误，另一方面还会利用民众道德舆论压力来进行谴责，具有深层次的强制性。与制度规范相比，道德规范能通过全社会的舆论力量来增加腐败分子的耻辱感和罪恶感。但制度规范的强制力只是限制腐败分子短时期的行动自由和经济自由，对于之后的腐败行为依然没有规制能力，不能保证腐败分子之后不再以权谋私。但是对于一部分担心由于腐败行为而从此"社会性死亡"的公职人员来说，道德规范的强制性比制度规范的强制性更加有力，道德规范会使公职人员从思想动机的深度上不敢再腐败。

第三，道德规范对反腐治理有着重要的调节作用。即便是经过深思熟虑和实践证明之后的完备的制度规范，也有可能会有限制不到的社会关系，也有可能在反腐工作中实际效力降低，存在一些不可预知的漏洞。由于制度规范存在不可避免的缺陷，这时就需要发挥道德规范的调节作用。从某种程度上来说，道德规范的全面性会规避到任何制度规范的不足，从而形成系统的反腐败体系。

在反腐败实践中，虽然制度规范和道德规范有其各自的角度、方式和目标，它们在各自的优势领域的腐败治理中发挥着积极作用，但绝不是非此即彼的关系，而是相辅相成、缺一不可、相互依存、相互配合的关系。一个发展良好的反腐败制度规范在没有道德支持的情况下，无法在治理腐败方面发挥应有的作用。同样，在没有强有力的制度保障的情况下，纯粹的道德规范只会使腐败的治理毫无进展。制度规范的劣势需要道德规范来弥补，道德规范的不足也需要制度规范来弥补。唯有制度规范和道德规范共同运作，公职人员的行为才能更好地受到规制，公职人员的思想道德素质才能逐步地提高，从而使得反腐败治理更加有效。

第四章

公务员职业道德规范与全民道德规范的统一

　　规范的定义前面已有论述，一般意义上来说，规范是指对社会个体之间关系的约束和社会个体行为的限制。道德规范是在人生存与发展过程中由于需要而产生的促进人的善行的规定，主要是通过激励人的善行去实现人际关系的和谐。①那么，公务员职业道德规范该如何理解？通常定义为作为公共事务管理实践主体的公务员，在行使公权力时必须遵守在职业道德和价值观念指导下的行为准则。

　　韩国在反腐败过程中非常重视公务员的道德规范，韩国现有的公务员职业道德规范包括《公职人员伦理法》，其中主要规定是财产登记及财产公开、礼物申报制度和就业限制制度;《公职人员伦理宪章》明确公务员的信条和实践纲领;《国家公务员法》主要内容是诚实、服从、禁止离岗，亲切、公正、严守秘密，清廉、荣誉等授领规制，维持品位、禁止营利业务及兼职，禁止集体行动、政治行动等义务。

　　公务员职业道德规范在反腐败治理中发挥的作用是首要的也是最直接的，它具有以下特点：首先，公务员道德规范具有义务性。义务是指社会个体在社会关系中对他人和社会应尽的责任。公务员职业道德规范，也规定了公务员在执行公权力和进行公共事务管理过程中的责任。公务员职业道德规范所规定的义务，不同于一般的政治义务和法律义务，政治义务与法律义务的履行是和享有的权利相辅相成的，不

---

　　① 高力.公共伦理学［M］.北京：高等教育出版社，2006：34.

能脱离义务讲权利，也不能脱离权利论义务。但是公务员的工作宗旨是为人民服务，它不谋求任何的利益回报和奖酬。公务员遵守职业道德规范就是一种道德义务，不允许从其他社会个体身上谋取私利，甚至可能为了更好地公共管理做出大大小小的牺牲。虽然有些公务员会由于良好的政绩而受到广大人民群众的赞扬，有的甚至会由此享有特定的社会权利和得到他人给予的酬谢，但作为公务员在行使公权力时不应该有谋求某种权利的想法，在公共事务管理中不能以获得相应的利益为条件，在管理工作之后不能将获取的报酬看作理所当然。

其次，公务员职业道德规范具有约束性。公务员职业道德规范是从道德层面对公务员的行为做出的约束和限制。虽然是一种软性约束，但对公务员的腐败动机也有很强的规避作用。从某种程度上来说，一旦决定从事公务员的工作，就必须接受公务员职业道德规范的层层限制，而且这种约束是不可抗拒的，只有更好地遵守道德规范，才能实现自己的人生价值。

最后，公务员职业道德规范具有导向性。公务员职业道德规范在公务员进行公共管理实践时具有道德导向的作用，它不仅会暗示公务员什么是正确的行为方式，而且会引导他们该怎么做；它不仅会让公务员意识到自身存在的问题，而且会鼓励和支持他们的正确行为。实际上，公务员职业道德规范的约束性和导向性是互为补充的，约束性更多的是从不应当的角度限制错误的行为，导向性更多的是从应当的角度鼓励正确的行为。

道德规范有自律和他律阶段，如果公务员职业道德规范是在他律阶段时，那么他所具有的约束性和导向性是外在于公务员的，也就是说公务员职业道德规范还具有外在的约束力和外在的导向性。

一方面，公务员职业道德规范的外在约束性，通常是指在道德他律阶段社会对公务员的道德要求以及公务员的道德理性，是在公务员自身意识之外的约束。在这个时期，公务员遵守职业道德规范不是由于自身思想的认同和服从，而是迫于社会道德舆论的压力。也就是公务员的职业道德修养还未成熟，他能在公共管理实践中遵守职业道德规范，与其说是一种义务，不如说是畏惧社会道德力量的谴责。

另一方面，公务员职业道德规范的外在导向性。在他律阶段，公务员职业道德规范还没有成为公务员内心追求的真实的价值目标。这时公务员对职业道德规范的服从，只是对职业道德规范形式主义的认同，还不是从思想深处的价值追求中产生出来的自觉自发的服从。

虽然公务员是腐败行为的直接参与者，但社会的腐败不只是影响一个人或一群人，而是在长期"患病"之后影响所有人，这是无法控制的。道德预防腐败是通过道德准则防止腐败，道德准则作为一种调节和约束人际关系的力量，提高了公务员和整个社会的道德水平。因此，在加强公务员的道德规范建设之外，提高个人的道德素质也特别重要。

总结韩国反腐败治理的经验可以发现，从20世纪80年代中期开始，韩国便开始注重对公民民主意识的培养，而且相关学者进行了一系列的研究，旨在"教育学生增强公民意识，树立正确的价值观，端正学习态度，以促进民主共同体的形成"①。政治民主化的发展要求公民必须提高政治参与能力，其中最重要的就是要加强公民对公职人员的监督和制约。

市场经济体制逐步建立之后，政治经济之间的联系更加紧密，再加上利益主体的多元化和利益诱惑的复杂化，普通公民对利益的追求也越加积极。在这种经济发展迅速但又有很多不确定的阻碍因素的社会，就必须建立系统全面的、科学合理的、精准有效的、分工协作的、具有威慑力的针对公职人员的监督机制和多方位、宽领域、高效率的

---

① 崔钝燮.教育改革与教育市民运动的方向［J］.当代韩国，2000（4）：65-70.

保障机制，以及包括普通公民在内都必须遵守的严密有效的、科学合法的制度规范和内心信服的道德规范，从而实现全员的反腐治理。从20世纪90年代开始，在韩国普遍地区教育水平都提高的基础上，社会公民越来越要求扩大政治参与的范围，对公权力的监督能力不断加强，并积极献言献策力图完善监督机制。自此，普通公民在韩国腐败治理过程中的作用越来越重要。

　　加强全民的道德规范建设，对于防止公职人员腐败具有间接的作用，是反腐败的"防疫站"。这种"防疫"作用是通过提高社会公民的思想道德素质，弘扬先进文化和社会的良好风尚，从而创造出健康的社会道德环境来实现的。具体来说，首先，加强全民的道德规范建设，能够有利于良好的社会风气的形成。如果整个社会的道德水平提高了，就会打消某些公职人员的腐败念头。其次，加强全民的道德规范建设，能够防止公职人员道德素质的降低。整个社会公民如果都具有优良的个人品质，那么公职人员的道德修养就会得到提高。最后，加强全民的道德规范建设，有利于提高公民政治参与和政治监督的能力。当大部分公民的思想和道德修养达到一定高度时，他们就会要求获得更多的参与政治的权利，就会主动争取参与政治的机会，这个时候，公民对公职人员的政治监督才最有力。有研究表明，世界上最廉洁的国家，其国民的道德规范建设最健全，其国民的政治监督能力最高，其国民对腐败的容忍程度最低。因此，在反腐败治理中，必须发挥全民的道德舆论监督的作用，将公务员职业道德规范的建设与全民道德规范的建设统一起来。

结　语

防腐败
——公务员职业道德自律与他律的统一

　　道德自律就是指社会个体将习得的思想道德知识内化为自身的道德修养，并在社会实践中能够自觉自愿自发地遵守各种行为规范和道德规范。道德自律是社会个体对自己的道德约束，而且这种约束不是外力强加的，是社会个体把普遍的道德要求内化为自主的行为方式，是社会个体自我道德规范意识增强的体现。

　　公务员职业道德自律性，是指公务员在接受职业道德培训和教育之后，充分掌握了职业道德规范的内核，在行使公权力时自觉自愿地服从和践行道德规范，也就是将职业的外在"枷锁"转化为自身的价值追求，将外在的道德要求转化为自己自主的行为。

　　在反腐败治理中，道德自律会促使公务员发自内心地遵守职业道德规范，自觉地远离利益的诱惑和抵制权钱交易的行为，从而能够从源头防止腐败现象的出现。因此，增强公务员的道德自律就非常重要了。具体来说，第一，加强思想道德教育，提高公务员自我的道德规范意识。由于公务员道德修养的增强不可能一开始就来自自身的领悟，所以外在的教育启发是很关键的。行政部门应当定期对公务员进行思想道德教育，发挥系统化的道德认知的影响，使公务员将道德规范更好地内化为自身的价值追求。经过长期的道德熏陶之后，公务员就会自觉自愿地服从要求，即使是工作处境再困难，也会遵守道德底线。

第二，引导公务员树立正确的价值观，培养乐观向上的道德情感。行政部门应当注重公务员道德情感的陶冶，使其道德情感和道德认知保持同步，乐观向上的道德情感有利于公务员更加自愿地遵守道德规范。同时，正确的价值观导向对公务员来说也非常重要的，一方面，可以借助社会道德舆论的力量，对公务员进行施压，使有腐败行为的公务员成为众矢之的，使道德素质极差的公务员社会性"死亡"；另一方面，可以极大地鼓励道德自律性强的公务员，优先给予他们晋升晋级和评奖评优的机会和资格，从正面引导公务员树立正确的价值观。第三，提升公务员的自身修养，加强对公务员道德意志的锤炼。道德意志的锤炼既需要良好的道德修养，也需要高水平的思想教育。古希腊的柏拉图（Plato）认为，要使理想国中的国家利益捍卫者具备坚强的道德意志，就必须使其"劳筋骨，苦心志，见贤思齐"。[①] 对于公务员来说，既需要困难的工作环境的磨炼，也需要抵制各种外界利益的诱惑，只有这样，才能更好地服务于社会和人民。

道德他律是指个体在社会实践中受到的来自集体道德的约束和规制，由于外部道德规范的施压，社会个体必须打消不良的念头和摒弃非法的行为方式，从而做出符合普遍社会道德认知水平的行为选择。

公务员职业道德的他律性，是指公务员在执行公权力时的行为方式和准则会受到行政部门相关规范的限制和约束。任何国家都会出台和执行一系列严格的法律和制度政策来从外力层面遏制公务员的不良行为。公务员职业道德规范直接受制于国家和政府，这是与普通社会大众的道德规范最大的不同点。

在反腐败治理过程中，发挥道德他律防腐的作用就是要加强社会道德舆论力量的监督作用，通过外力的制约使得公务人员不会再有腐败的动机，也不敢滥用职权，以权谋私。要想充分发挥社会道德舆论

---

① 靳凤林.官员的道德意志［N］.学习时报，2010-09-13（16）.

力量的监督作用，就必须制定严密完备的监督机制和建立科学高效的监督部门，依法打击阻碍监督部门正常运作的不法分子，确保社会个体政治监督权的行使。具体来说，首先，采取奖励监督的措施，充分激发和调动社会个体对公共权力执行者腐败监督的主动性和积极性。参与腐败监督的社会个体越多，腐败治理的效率就越高。其次，建立和健全社会个体的举报体制。通过完善举报法，真实有效地保障举报权的行使，并且要注重保护举报人的个人隐私和个人安全。最后，保证社会个体对政治工作的知情权，信息的公开透明度越高，对于公职人员的监督越有利。

在腐败治理过程中，由于道德自律与道德他律二者相辅相成、相互促进，所以对国家公务员来说，要做到公务员职业道德自律与他律的统一。之所以公务员职业道德自律和他律必须统一起来，是因为一方面，公务员的职业道德规范的遵守是自我内心的约束，社会的道德要求需要内化为公务员自我行为选择，道德他律的实现最终必须依靠个体的自律；另一方面，公务员道德自律的实现又必须以社会道德舆论的他律为依据，道德自律的价值不是体现在个体本身，而是在个体之外，是以服务社会关系为前提的。只有自律而无他律的道德，实际是忽略了它借以律己的道德准则的客观根据；只有他律而无自律的道德，只是虚拟空洞的口号或强行的规定。

参考文献

一、中文文献

（一）中文著作

［1］曹中屏，张琏瑰．当代韩国史（1945—2000）［M］．天津：南开大学出版社，2005．

［2］陈海莹．"韩国病"的政治解读：韩国现代化进程中的反腐败研究［M］．北京：中国社会科学出版社，2015．

［3］代金平，辛春．网络党建理论与实践研究［M］．北京：中国社会科学出版社，2016．

［4］董向荣．韩国［M］．北京：社会科学文献出版社，2003．

［5］杜林致．腐败文化和心理：中韩比较［M］．北京：中国社会科学出版社，2015．

［6］何增科．反腐新路：转型期中国腐败问题研究［M］．北京：中央编译出版社，2002．

［7］季燕霞．博弈的天平：当代中国社会的利益格局与利益制度研究［M］．北京：中国社会科学出版社，2011．

［8］李庆臻，金吉龙．韩国现代化研究［M］．济南：济南出版社，1995．

［9］金正一．冷战结束前后东北亚区域社会转型［M］．北京：社会科学文献出版社，2012．

［10］李春成.行政人的德性与实践［M］.上海：复旦大学出版社，
2003.

［11］李光耀.李光耀回忆录［M］.北京：外文出版社，2001.

［12］李辉.当代中国反腐败制度研究［M］.上海：上海人民出版社，
2013.

［13］李世英.市场经济条件下的政府官员道德建设［M］.北京：
中国人民公安大学出版社，2002.

［14］李秀峰.廉政体系的国际比较［M］.北京：社会科学文献出
版社，2007.

［15］梁玉萍，任文硕.公务员职业道德学习读本［M］.北京：新
华出版社，2010.

［16］刘杰.转型期的腐败治理：基于不同国家和地区经验的比较
研究［M］.上海：上海社会科学院出版社，2014.

［17］刘重春.理性化之路：韩国公务员制度研究［M］.北京：中
国社会科学出版社，2012.

［18］毛寿龙.政治社会学［M］.北京：中国社会科学出版社，2001.

［19］欧斌，余丽萍，李广民.国际反腐败公约与国内司法制度问
题研究［M］.北京：人民出版社，2007.

［20］任晓.韩国经济发展的政治分析［M］.上海：上海人民出版社，
1995.

［21］宋振国，刘长敏.各国廉政建设比较研究［M］.北京：知识
产权出版社，2006.

［22］宋振国，刘长敏.各国廉政建设比较研究［M］.北京：知识
产权出版社，2013.

［23］王沪宁.腐败与反腐败：当代国外腐败问题研究［M］.上海：
上海人民出版社，1990.

［24］王建波，黄绍元．国外廉政建设述评［M］．武汉：武汉大学出版社，2016.

［25］王美文，王云芳．公务员职业道德建设读本［M］．北京：中国人事出版社，2010.

［26］王美文．公务员职业道德规范概论［M］．北京：国家行政学院出版社，2010.

［27］王伟．中国韩国行政伦理与廉政建设研究［M］．北京：国家行政学院出版社，1998.

［28］夏海强．谁在判决总统：全斗焕　卢泰愚案审判纪实［M］．北京：东方出版社，1997.

［29］杨鸿台．制度反腐实证分析［M］．上海：上海人民出版社，2014.

［30］杨绪盟，黄宝荣．腐败与制度之笼：国外反腐经验与启示［M］．北京：人民出版社，2014.

［31］尹保云．韩国为什么成功：朴正熙政权与韩国现代化［M］．北京：文津出版社，1993.

［32］张核，仇新华．国际大肃贪：国外腐败与反腐败斗争纪实［M］．长沙：湖南出版社，1994.

［33］张宏杰．中国人比韩国人少什么［M］．北京：中国文史出版社，2004.

［34］张康之，李传军．行政伦理学教程［M］．北京：中国人民大学出版社，2004.

［35］郑继永．韩国政党体系［M］．北京：社会科学文献出版社，2008.

（二）中文译著

［1］孟德斯鸠．论法的精神：上册［M］．张雁深，译．北京：商务印书馆，1987.

［2］崔英辰.韩国儒学思想研究［M］.邢丽菊,译.北京:人民出版社,2008.

［3］波普.反腐策略:来自透明国际的报告［M］.王淼洋,译.上海:上海译文出版社,2000.

［4］波普.制约腐败:建构国家廉政体系［M］.清华大学公共管理学院廉政研究室,译.北京:中国方正出版社,2003.

［5］金大中.我的人生 我的路:金大中自传［M］.黄玉今,姜立,译.北京:外文出版社,1998.

［6］金荣枰,崔炳善.韩国行政改革的神话与逻辑［M］.沈仪琳,译.北京:国家行政学院出版社,2001.

［7］金泳三.开创二十一世纪的新韩国［M］.郑仁甲,译.北京:东方出版社,1998.

［8］金泳三.开创二十一世纪新韩国［M］.郑仁甲,译.北京:东方出版社,1992.

［9］金正濂.韩国经济腾飞的奥秘:"汉江奇迹"与朴正熙［M］.张可喜,译.北京:新华出版社,1993.

［10］康灿雄.裙带资本主义:韩国和菲律宾的腐败与发展［M］.李巍,石岩,王寅,译.上海:上海人民出版社,2017.

［11］李敬南.卢泰愚传［M］.千麟基,高浩荣,译.北京:新华出版社,1991.

［12］朴正熙.我们的国家道路［M］.陈琦伟,译.北京:华夏出版社,1988.

［13］沃论诺夫.人为的奇迹:南朝鲜的经济振兴［M］.罗龙,郁庆晨,译.北京:华夏出版社,1989.

［14］亨廷顿.变化社会中的政治秩序［M］.王冠华,刘为,译.上海:上海人民出版社,2017.

［15］亨廷顿．第三波：20世纪后期民主化浪潮［M］．刘军宁，译．上海：上海三联书店，1998.

［16］艾克曼．腐败与政府［M］．王江，程文浩，译．北京：新华出版社，2000.

［17］库泊．行政伦理学：实现行政责任的途径［M］．张秀琴，译．北京：中国人民大学出版社，2001.

［18］玄雄．朴正熙［M］．潘屹，译．北京：红旗出版社，1993.

［19］赵甲济．总统：朴正熙传［M］．李圣权，译．南京：江苏文艺出版社，2013.

（三）中文期刊论文

［1］巴殿君，安那莹．韩国反腐清廉制度及其效果分析［J］．韩国研究论丛，2017（1）.

［2］陈媛．论反腐败的道德机制建设［J］．上海师范大学学报（哲学社会科学版），2014，43（2）.

［3］程同顺，李恩婉．从卢泰愚受贿案看韩国"政经勾结"［J］．百科知识，1997（10）.

［4］崔志鹰，徐漪．试论韩国社会转型时期的政治变革［J］．学术季刊，1996（3）.

［5］樊建政．绝对权力，绝对导致腐败［J］．行政与法，2009（6）.

［6］韩相敦．韩国反腐败法述评：附：韩国《关于腐败防止与国民权益委员会设立运营法［J］．环球法律评论，2013，35（2）.

［7］胡健．惩治腐败与国家治理能力建设［J］．当代世界与社会主义，2014（2）.

［8］黄少平，蒋政．制度反腐与反腐制度［J］．唯实，2007（5）.

［9］季正矩．韩国经济高速发展过程中的腐败问题［J］．中国监察，2001（12）.

［10］姜浩峰.“来生千万不要当总统”韩国历届总统的悲局宿命［J］.新民周刊，2016（44）.

［11］金波.韩国“两金”政权的制度反腐经验［J］.国际关系学院学报，2011（1）.

［12］金香花.韩国国家反腐败系统的建构过程及其经验反思［J］.北京行政学院学报，2013（5）.

［13］金筱萍.论道德他律到自律的形成发展规律［J］.咸宁学院学报，2007（1）.

［14］金英姬.韩国财阀企业功过得失及启示［J］.上海经济研究，2017（11）.

［15］孔凡河.韩国官员财产申报制度的路径变迁及启示［J］.行政论坛，2010，17（6）.

［16］雷雨，王刚.韩国腐败与反腐败的政治透视［J］.东北亚论坛，1999（1）.

［17］黎能清.卢泰愚从总统成为囚犯的前前后后［J］.经济世界，1996（2）.

［18］黎能清.权钱角逐场上的枭雄：全斗焕［J］.经济世界，1996（11）.

［19］李春香.朴正熙威权政治时期经济发展的特点及启示［J］.赤峰学院学报（汉文哲学社会科学版），2015，36（12）.

［20］李景鹏.关于行政权力的自律与他律［J］.新视野，2002（1）.

［21］李倩.韩国总统不好当［J］.南方人物周刊，2009（22）.

［22］李文.韩国总统为何难以摆脱“身边人”腐败魔咒［J］.人民论坛，2016（35）.

［23］李文发.论我国公职人员道德规范约束机制的建构［J］.信阳师范学院学报（哲学社会科学版），2014，34（3）.

［24］李秀娟，刘蕾.总理涉贪辞职 韩国腐败难除［J］.中国纪检监察，2015（12）.

［25］李颖峰.《请托禁止法》与韩国反腐立法新动向［J］.法学评论，2016，34（6）.

［26］李志行，洪秀旼.韩国反腐败经验对中国的启示［J］.管理观察，2016（3）.

［27］梁川，朴顺景."参与式政府"的构筑：韩国卢武铉政府行政改革综述［J］.东北亚论坛，2008（5）.

［28］林兴发.公务员道德的他律与自律［J］.广西社会科学，2002（6）.

［29］刘秉军.财产公示：韩国反腐之路［J］.检察风云，2020（9）.

［30］刘永丰.韩国反腐历程评析［J］.西南民族大学学报（人文社科版），2005（3）.

［31］刘中树.韩国官员财产申报法制化路径分析与经验启示［J］.东北亚论坛，2013，22（4）.

［32］罗凤梅.韩国的反腐经验与启示［J］.检察风云（预防职务犯罪专刊），2012（4）.

［33］骆洪军，黄莉.提高腐败成本，构筑反腐防线［J］.理论与当代，2010（2）.

［34］马翠军.对制度规范的法哲学前思［J］.广西社会科学学报，2005（9）.

［35］马占稳.韩国反腐败的新阶段：韩国透明国际在反腐败中的作用［J］.国家行政学院学报，2007（6）.

［36］马占稳.扬汤止沸：韩国现代化中的早期反腐败：韩国现代化进程中反腐败问题研究之一［J］.北京行政学院学报，2004（1）.

［37］麦凯尔，艾里特奥."好处费"腐蚀着世界［J］.陈伟华，译.编译参考，1995（6）：65.

[38]南日.韩国《金英兰法》的政策议程探析：基于多源流理论视角[J].韩国研究论丛，2018（2）.

[39]朴永浩.解读韩国政府治理腐败方略[J].东疆学刊，2007(2).

[40]任勇.韩国反腐败进程及其经验[J].国际资料信息,2007(4).

[41]桑玉成，陈英波.注意制度反腐中的一些倾向性问题[J].中国延安干部学院学报，2012，5（4）.

[42]尚志钰.韩国民主的发展进程简述："民主—威权—民主"[J].产业与科技论坛，2016，15（10）.

[43]申东镇.论朴正熙执政时期韩国赶超经济的特点及制度保障[J].东疆学刊，2017，34（2）.

[44]师政.命运多舛的韩国总统[J].廉政瞭望，2004（5）.

[45]宋心然.公共资源市场化配置对于控制腐败的有效性：韩国反腐败的经验与启示[J].理论与现代化，2011（3）.

[46]苏令银.道德自律：转型期社会秩序的最高实现形式[J].现代哲学，2001（4）.

[47]孙德魁.韩国政商关系危机的特征、成因及对中国构建新型政商关系的借鉴[J].江苏省社会主义学院学报，2017（5）.

[48]孙晓翔，刘金源.韩国现代化进程中的腐败问题[J].东北亚论坛，2010，19（1）.

[49]覃莹.韩国《金英兰法》的推行对完善我国反腐法制体系的启示[J].理论观察，2017（1）.

[50]万倩.浅析朴正熙政府的经济政策及其影响[J].法治与社会，2016（35）.

[51]王生，骆文杰.韩国历届政府反腐败治理的经验及借鉴研究[J].东疆学刊，2019，36（1）.

[52]王晓玲.从"青瓦台厄运"看韩国的社会文化[J].当代世界，

2017（7）.

　　[53]王雪梅.论反腐败的社会公众参与：以《联合国反腐败公约》为视角[J].社会科学，2009（1）.

　　[54]王怡昕."韩国病"的治疗药方对我国治理腐败的启示[J].西安建筑科技大学学报（社会科学版），2017，36（2）.

　　[55]王志祥，刘婷.论制度反腐与依法反腐[J].铁道警察学院学报，2015，25（2）.

　　[56]萧鸣政，张满.公务员职业道德及其内容标准的分析[J].东北师大学报（哲学社会科学版），2012（5）.

　　[57]徐智.朴正熙威权政治下的经济发展探讨[J].企业导报，2016（19）.

　　[58]许吉.韩国政府反腐倡廉策略及其对我国的启示[J].延边大学学报（社会科学版），2012，45（4）.

　　[59]宣玉京.当代韩国反腐败的制度建设[J].现代国际关系，2018（10）.

　　[60]闫振坤，潘凤.反腐败制度变迁的演进逻辑与动力机制：基于韩国反腐败制度变迁历程的新制度经济学考察[J].石家庄经济学院学报，2015，38（2）.

　　[61]杨黎炜.历届韩国总统的结局[J].集邮博览，2017（4）.

　　[62]杨凌.从权威到民主：简析二战后韩国政治变迁[J].石家庄师范专科学校学报，2003（2）.

　　[63]杨玉东.制度反腐中存在的问题及改进路径探析[J].领导科学，2013（1）.

　　[64]杨正良.韩国的审计监察院[J].财会月刊，1993（5）.

　　[65]叶竹盛.反腐败的"制度大爆炸"[J].南风窗，2015（11）.

　　[66]尹保云.韩国的反腐败斗争[J].战略与管理，1994（6）.

［67］詹小洪.韩国腐败文化与廉政建设［J］.炎黄春秋,2010（2）.

［68］詹小洪.政商勾结:韩国难于切割的腐败毒瘤［J］.开放导报,2004（3）.

［69］张锦芳.韩国前总统卢泰愚被捕意味着什么?［J］.党风与廉政,1996（5）.

［70］张琏瑰.四十年前李承晚是怎样垮台的［J］.百年潮,2001（10）.

［71］张彦华,张振华.威权下的成长:韩国劳动体制演变的政治经济分析［J］.比较政治学研究,2017（1）.

［72］赵灵敏.韩国历史上的政商关系［J］.商周刊,2013（21）.

［73］郑继永.韩国政党与政党体系变迁动因初探［J］.当代亚太,2007（2）.

［74］钟坚.韩国大企业发展模式的历史反思与制度分析［J］.深圳大学学报（人文社会科学版）,2001（5）.

［75］朱芹.李承晚外交独立思想的依附论视角分析［J］.韩国研究论丛,2014（2）.

［76］安怡康.财阀政治下韩国民主转型以来政治困境研究［D］.北京:外交学院,2020.

［77］解非.论韩国民主转型后总统腐败缘由［D］.北京:外交学院,2019.

［78］裴志军.韩国政府反腐败政策研究［D］.杭州:浙江大学,2002.

［79］权宅晟.韩国民主化背景下的腐败现象研究［D］.上海:上海交通大学,2012.

［80］申东镇.韩国外向型经济研究［D］.大连:东北财经大学,2011.

［81］陶乾．韩国民主转型后政治"清算"现象研究［D］．北京：北京外国语大学，2020.

［82］涂波．韩国新村运动对中国建设社会主义新农村的启示［D］．重庆：西南大学，2008.

［83］肖磊．试论韩国公务员财产申报制度对我国的启示［D］．延吉：延边大学，2012.

［84］余澄．韩国反腐进程中国家廉政治理体系研究［D］．武汉：华中师范大学，2017.

［85］曾娟．韩国公务员财产申报制度研究［D］．无锡：江南大学，2015.

［86］张红果．朴正熙政权与韩国现代化模式的形成［D］．延吉：延边大学，2010.

［87］张亚龙．韩国威权政治体制时期的腐败现象分析［D］．北京：外交学院，2017.

［88］郑继永．韩国政党体系变迁动因与模式研究［D］．上海：复旦大学，2007.

（四）中文其他文献

［1］杜鹃．韩国施行反腐法半年 职场应酬招待次数大减［EB/OL］．新华网，2017-03-13.

［2］韩国反腐败从改善人文环境着手［EB/OL］．新浪网，2006-12-03.

［3］韩国首位文人总统金泳三逝世 任内韩国成为发达国家［EB/OL］．观察者网，2015-11-22.

［4］金宰贤．韩国反腐：加强监督与完善制度最关键［EB/OL］．21世纪经济报道，2013-03-01.

［5］李佩．文在寅首个反腐目标拿军工开刀：调查国产直升机漏水

腐败丑闻［EB/OL］.澎湃新闻，2017-07-19.

［6］赵灵敏.韩国历史上的政商关系［N］.华夏时报，2013-09-25
（A18）.

［7］最严反腐法让韩国反腐陷入尴尬［N］.法治周末，2017-01-17
（海外时评）.

二、外文文献

（一）韩文专著

［1］경상대학교，사회과학연구소.한국의 부패와 반부패정책
［M］.부천시，한국：한울아카데미，2014.

［2］이진호.부정부패 원인과 대책［M］.파주시，한국학술정보，
2011.

［3］김준기.한국의 부정부패［M］.서울，오름，1999.

［4］金荣豪.官权经济与特惠经济［M］.首尔：青岩出版社，1989.

（二）韩文期刊论文

［1］이원상.현행 청탁금지법의 평가와 개선점 고찰［J］.법학
논총，2020，33（2）.

［2］이정주，강태경，황지태.청렴사회를 위한 민관거버넌스
구축방향에 대한 연구：투명사회협약의 경험을 중심으로［J］.입법
과 정책，2019，11（1）.

［3］황지태，이천현，임정호.민간부패 방지를 위한 제도개선
방안 연구［J］.형사정책연구원 연구총서，2018（12）.

［4］김수진.한국 다문화사회에 관한 고찰：다문화정책，사회
적 자본［J］.부패 중심으로，2018，23（1）.

［5］황지태，김경찬，장진희，등.한국사회 부패의 발생구조와

변화트렌드 분석 (Ⅱ)[J]. 형사정책연구원 연구총서, 2016 (12).

[6]이희옥. 시진핑 시기 반부패운동의 정치논리 – 시장, 법치, 거브넌스의 관계 [J]. 중소연구, 2015, 39 (1).

[7]김인종, 김영우. 반 부패 정책 집행 에 미친 영향 요소 [J]. 한국조직학회보, 2010, 7 (2).

[8]이선엽. 부패의 생성과 변화에 관한 연구: 네트웍 제도주의와. [J]. 한국행정사학지, 2007, 41 (12).

[9]밥데이비스. 중국 경제 현황과 시진핑의 반부패 운동 [D]. 서울, 세계경제연구원, 2014.

[10]김철식. 공무원신뢰와 부정부패 [D]. 서울, 광운대학교, 2014.

[11]유석훈. 한국 관료부패 원인과 개선방안에 관한연구 [D]. 광역시, 광주대학교, 2008.

[12]권해수. 우리 나라 반부패운동의 성과와 정책과제 [D]. 서울, 한성대학교, 2004.

[13]金珠煥. 财阀进军媒体的政治经济背景研究 [D]. 首尔: 京畿大学, 1988.

[14]최상국. 韓國官僚의 不正腐敗 要因과 그 抑制對策에 관한 研究 [D]. 清州: 清州大學校, 1988.

(三) 韩文其他文献

[1]국민권익위원회. 부패방지백서 [A/OL]. 대한민국 국회도서관, 2008.

[2]국민권익위원회. 대한민국 반부패백서 [A/OL]. 국민권익위원회, 2005.

（四）英文专著

［1］AMSDEN A H.Asia's Nest Giant: South Korea and Late Industrialization ［M］.Oxford：Oxford University Press，1989.

［2］COLE D C，LYMAN P N.Korean Development:The Interplay of Politics and Economics ［M］.Cambridge: Harvard University Press，1971.

［3］KEON M，PHOENIX K.Korean Phoenix:A Nation from the Ashes ［M］.Englewood Cliffs:Prentice-Hall International，1977.

［4］KIDD J，RICHTER FRANK-JüRGEN.Fighting Corruption in Asia：Causes，Effects and Remedies ［M］.Singapore:World Scientific Publishing，2003.

［5］KIM S J，CHO C H. Government and Politics of Korea ［M］.Silver Spring，Marylaud:The Research Institute on Korean Affairs，1972.

［6］KIM Y J.Bureaucratic Corruption: The Case of Korea ［M］. Seoul：The Chomyung Press，1993.

［7］MILLER S，ROBERTS P，SPENCE E.Corruption and Anti-Corruption: An Applied Philosophical Approach ［M］.Upper Saddle River：Pearson College Div，2004.

［8］PERLMUTTER A.Modern Authoritarianism: A Comparative Institutional Analysis ［M］.New Haven：Yale University Press，1981.

［9］SEONG P L. A Comparative Study on Ombudsm and Institutions in Asian Region ［M］.Seoul:Anti-Corruption & Civil Rights Commission Korea，Republic，2011.

（五）英文期刊论文

［1］ChOI E，WOO J. Political Corruption，Economy，and Citizens' Evaluation of Democracy in South Korea ［J］. Contemporary Politics，2012，18（4）.

[2] ChOI J W.Corruption Control and Prevention in the Korean Government: Achievements and Challenges from An Institutional Perspective [J]. Asian Education And Development Studies, 2018, 7 (2).

[3] MACINTYRE A J.Institutions and the Political Economy of Corruption in Developing Countries [J] .Political Science, Economics, 2003.

[4] JIN D K.Democracy and the Ethical Foundation of Civil Society [J]. Korea Focais, 2001, 9 (5).

[5] JOHNSTON M. Japan, Korea, the Philippines, China:Four Syndromes of Corruption [J] . Crime, Law and Social Change, 2008, 49 (3).

[6] KALINOWSKI T.Trends and Mechanisms of Corruption in South Korea [J] . The Pacific Review, 2016, 29 (4).

[7] KIM P S, YUN T.Strengthening Public Service Ethics in Government: The South Korean Experience [J] .Public Integrity, 2017, 19 (6).

[8] KIM S B.Dangling the Carrot, Sharpening the Stick: How An Amnesty Program and Qui Tam Actions Could Strengthen Korea's Anti-Corruption Efforts [J] .Northwestern Journal of International Law and Business, 2016, 36 (1).

[9] KUK M.The Governmental Role in the Making of Chaebol in the Industrial Development of South Korea [J] .Asian Perspective, 1995, 19 (1).

[10] LIN M W, Yu C.Can Corruption Be Measured? Comparing Global Versus Local Perceptions of Corruption in East and Southeast Asia [J] . Journal of Comparative Policy Analysis: Research and Practice,

2014, 16（2）.

［11］PATTERSON L, ROWLEY C.Ethical Management and Leadership: a Conceptual Paper and Korean Example［J］.Asian Journal of Business Ethics, 2019, 8（1）.

［12］POMERLEAU R. Korea's Fight Against Corruption: A Blueprint for National Integrity［J］.Korean Review of Public Administration, 1997, 2（1）.

［13］QUAH J T S.Defying Institutional Failure: Learning from the Experiences of Anti-Corruption Agencies in Four Asian Countries［J］. Crime, Law and Social Change, 2010, 53（1）

（六）英文其他文献

PARK G J, YOON S.Reform Drive Raises Korea's Anti-Corruption Ranking to Record High［EB/OL］.Ministry of Culture, Sports and Tourism and Korean Culture and Information Service, 2019-01-30.

附录1：韩国历届政府反腐败大事记

李承晚政府时期（1948—1960）

1950年，发表了《公职伦理确定宣言》。

1950年年末，为防止公务员腐败，韩国提高了公务员工资。设立了以反腐败为目的的独立监察机关，如审计院监察委员会等，惩治并处罚了一些腐败的公务员。

尹普善政府时期（1960—1961）

1960年，制定《公职人员财产登记法案》。

朴正熙政府时期（1963—1979）

20世纪60年代，重点针对官僚机构的"政治净化运动"。中央设监查院，地方设监察室，实行责任包干，除了公开监察还有暗中监察。还颁布了《关于公务员财产申报的国务总理指示》，明确规定了需要申报财产的公务员范围。

1963年，成立了"审计和监察委员会"，将其确定为"经济官僚直接监察机构"。

20世纪70年代中期之后，开展"庶政刷新运动"，清除了数万名素质较低的行政人员。

崔圭夏政府时期（1979—1980）

全斗焕政府时期（1980—1988）

1980年，全斗焕设置了社会净化委员会，开始了"社会净化运动"。

1980年12月，制定了《公职人员伦理宪章》和《公职人员伦理法》。

卢泰愚政府时期（1988—1993）

1988年，卢泰愚当选总统，把"社会净化运动"改名为"新秩序、新生活运动"。主要包括加强特别管理选举期间以及新年、中秋、公假等薄弱时期的公职纲纪，加强为公职意识的提高而进行的特别教育、各部署的教育等。其最重要举措是制定财产公开制度的施行法案。

金泳三政府时期（1993—1998）

1993年5月20日，金泳三向临时国会提交并通过了以高级公务员财产公开为主要内容的《公职人员伦理法修正案》。此法于同年7月11日生效。

1993年8月12日之后，一切金融交易都必须实行实名交易，推行金融实名制。

1994年3月，颁行《公职人员选举与选举不正当防止法》。

1995年3月，实行"不动产实名制"。

1996年12月，颁行《信息公开法》。

金大中政府时期（1998—2003）

1999年1月，最高检察院设立"公职人员反腐败特殊调查总部"，6月，以国务总理令的形式颁布"公职人员十大遵守事项"，9月，全国53个地方检察院和基层检察院设立了"公职人员腐败举报窗口"。

2001年9月，颁布了《反腐败基本法》《腐败防止法》与《反洗钱法》。

2002年，第一个独立的反腐败专门机构"韩国反腐败独立委员会"（KICAC）建立。

卢武铉政府时期（2003—2008）

2006年3月9日，政府、政党、工商界和市民团体等各界代表签订了《反腐败——透明社会协约》。

李明博政府时期（2008—2013）

2008年2月，通过了《关于腐败防止与国民权益委员会设立运营法》。将惩治腐败的监察委员会、国家清廉委员会、行政审判委员会合并，成立"反腐败与国民权益委员会"（ACRC），直属国务总理领导。

2008年3月，首尔市政府公布了《2008年首尔市政清廉度改善综合方案》。

2008年4月，颁布了《腐败公职人员处罚强化对策》。

2008年7月，韩国国务会议通过《特定经济犯罪加重处罚法》。

2010年，韩国制定《公益举报者保护法》。

朴槿惠政府时期（2013—2016）

2013年6月27日，韩国国会通过《关于公务员犯罪所得没收特别法（修订案）》。

2015年3月3日，韩国国会召开全体会议，表决通过了"最严厉"的反贪法案《金英兰法》。

2016年9月28日起，全面实施禁止接受不正当请托和收受财物的《金英兰法》。

文在寅政府时期（2017—2022）

2017年5月，韩国反腐败和国民权益委员会发布《新政府反腐大纲》。

2017年，文在寅政府整合国内反腐败相关机构力量，成立了国家反腐败政策咨询委员会。

2018年4月，文在寅在其主持的第二届反腐败政策咨询委员会会议上宣布了《2018—2022年反腐倡廉五年综合规划》。

附录 2：透明国际 2021 年度全球清廉指数（CPI）及排名

国家 / 地区	2021 年度 CPI 值	2021 年度排名
丹麦	88	1
芬兰	88	1
新西兰	88	1
挪威	85	4
新加坡	85	4
瑞典	85	4
瑞士	84	7
尼德兰（荷兰）	82	8
卢森堡	81	9
德国	80	10
英国	78	11
中国香港	76	12
加拿大	74	13
冰岛	74	13
爱尔兰	74	13
爱沙尼亚	74	13
奥地利	74	13
澳大利亚	73	18
比利时	73	18

续表

国家／地区	2021年度CPI值	2021年度排名
日本	73	18
乌拉圭	73	18
法国	71	22
塞舌尔	70	23
阿联酋	69	24
不丹	68	25
中国台湾	68	25
智利	67	27
美国	67	27
巴巴多斯	65	29
巴哈马	64	30
卡塔尔	63	31
韩国	62	32
葡萄牙	62	32
立陶宛	61	34
西班牙	61	34
以色列	59	36
拉脱维亚	59	36
圣文森特和格林纳丁斯	59	36
佛得角	58	39
哥斯达黎加	58	39
斯洛文尼亚	57	41
意大利	56	42
波兰	56	42
圣卢西亚岛	56	42
博茨瓦纳	55	45
多米尼加	55	45

续表

国家 / 地区	2021年度CPI值	2021年度排名
斐济	55	45
格鲁吉亚	55	45
捷克	54	49
马耳他	54	49
毛里求斯	54	49
格林纳达	53	52
塞浦路斯	53	52
卢旺达	53	52
沙特阿拉伯	53	52
阿曼	52	56
斯洛伐克	52	56
亚美尼亚	49	58
希腊	49	58
约旦	49	58
纳米比亚	49	58
马来西亚	48	62
克罗地亚	47	63
古巴	46	64
黑山	46	64
中国	45	66
罗马尼亚	45	66
圣多美和普林西比	45	66
瓦努阿图	45	66
牙买加	44	70
南非	44	70
突尼斯	44	70
加纳	43	73

续表

国家／地区	2021年度CPI值	2021年度排名
匈牙利	43	73
科威特	43	73
塞内加尔	43	73
所罗门群岛	43	73
巴林	42	78
贝宁	42	78
布基纳法索	42	78
保加利亚	42	78
东帝汶	41	82
白俄罗斯	41	82
特立尼达和多巴哥	41	82
印度	40	85
马尔代夫	40	85
科索沃	39	87
哥伦比亚	39	87
埃塞俄比亚	39	87
圭亚那	39	87
摩洛哥	39	87
北马其顿	39	87
苏里南	39	87
坦桑尼亚	39	87
越南	39	87
阿根廷	38	87
巴西	38	87
印度尼西亚	38	87
莱索托	38	87
塞尔维亚	38	87

续表

国家／地区	2021年度CPI值	2021年度排名
土耳其	38	87
冈比亚	37	102
哈萨克斯坦	37	102
斯里兰卡	37	102
科特迪瓦	36	105
厄瓜多尔	36	105
摩洛多瓦	36	105
巴拿马	36	105
秘鲁	36	105
阿尔巴尼亚	35	105
波斯尼亚和黑塞哥维那	35	110
马拉维	35	110
蒙古	35	110
泰国	35	110
萨尔瓦多	34	115
塞拉利昂	34	115
埃及	33	117
尼泊尔	33	117
菲律宾	33	117
赞比亚	33	117
阿尔及利亚	33	117
斯威士兰	32	122
乌克兰	32	122
加蓬	31	124
墨西哥	31	124
尼日尔	31	124
巴布亚新几内亚	31	124

续表

国家/地区	2021年度CPI值	2021年度排名
阿塞拜疆	30	128
玻利维亚	30	128
吉布提	30	128
多米尼克	30	128
老挝	30	128
巴拉圭	30	128
多哥	30	128
肯尼亚	30	128
安哥拉	29	136
利比里亚	29	136
马里	29	136
俄罗斯	29	136
毛里塔尼亚	28	140
缅甸	28	140
巴基斯坦	28	140
乌兹别克斯坦	28	140
喀麦隆	27	144
吉尔吉斯斯坦	27	144
乌干达	27	144
孟加拉国	26	147
马达加斯加	26	147
莫桑比克	26	147
危地马拉	25	150
圭亚那	25	150
伊朗	25	150
塔吉克斯坦	25	150
黎巴嫩	24	154

续表

国家／地区	2021 年度 CPI 值	2021 年度排名
尼日利亚	24	154
中非共和国	24	154
柬埔寨	23	157
洪都拉斯	23	157
伊拉克	23	157
津巴布韦	23	157
厄立特里亚	22	161
刚果共和国	21	162
几内亚比绍	21	162
乍得	20	164
科摩罗	20	164
海地	20	164
尼加拉瓜	20	164
苏丹	20	164
布隆迪	19	169
刚果民主共和国	19	169
土库曼斯坦	19	169
赤道几内亚	17	172
利比亚	17	172
阿富汗	16	174
朝鲜	16	174
也门	16	174
委内瑞拉	14	177
索马里	13	178
叙利亚	13	178
南苏丹	11	180

附录3：透明国际2022年度全球清廉指数（CPI）及排名

国家／地区	2022年度CPI值	2022年度排名
丹麦	90	1
芬兰	87	2
新西兰	87	2
挪威	84	4
新加坡	83	5
瑞典	83	5
瑞士	82	7
尼德兰（荷兰）	80	8
德国	79	9
爱尔兰	77	10
卢森堡	77	10
中国香港	76	12
澳大利亚	75	13
加拿大	74	14
爱沙尼亚	74	14
冰岛	74	14
乌拉圭	74	14
比利时	73	18
日本	73	18
英国	73	18

续表

国家/地区	2022年度CPI值	2022年度排名
法国	72	21
奥地利	71	22
塞舌尔	70	23
美国	69	24
不丹	68	25
中国台湾	68	25
阿联酋	67	27
智利	67	27
巴巴多斯	65	29
巴哈马	64	30
以色列	63	31
韩国	63	31
立陶宛	62	33
葡萄牙	62	33
博茨瓦纳	60	35
佛得角	60	35
圣文森特和格林纳丁斯	60	35
西班牙	60	35
拉脱维亚	59	39
卡塔尔	58	40
捷克	56	41
格鲁吉亚	56	41
意大利	56	41
斯洛文尼亚	56	41
多米尼加	55	45
波兰	55	45
圣卢西亚岛	55	45

续表

国家 / 地区	2022 年度 CPI 值	2022 年度排名
哥斯达黎加	54	48
斐济	53	49
斯洛伐克	53	49
塞浦路斯	52	51
希腊	52	51
格林纳达	52	51
沙特阿拉伯	51	54
马耳他	51	54
卢旺达	51	56
克罗地亚	50	57
毛里求斯	50	57
纳米比亚	49	59
瓦努阿图	48	60
约旦	47	61
马来西亚	47	61
亚美尼亚	46	63
罗马尼亚	46	63
中国	45	65
古巴	45	65
蒙古	45	65
圣多美和普林西比	45	65
巴林	44	69
牙买加	44	69
阿曼	44	69
贝宁	43	72
保加利亚	43	72
加纳	43	72

续表

国家/地区	2022年度CPI值	2022年度排名
塞内加尔	43	72
南非	43	72
布基纳法索	42	77
匈牙利	42	77
科威特	42	77
所罗门群岛	42	77
东帝汶	42	77
特立尼达和多巴哥	42	77
越南	42	77
科索沃	41	84
圭亚那	40	85
印度	40	85
突尼斯	40	85
马尔代夫	40	85
北马其顿	40	85
苏里南	40	85
白俄罗斯	39	91
哥伦比亚	39	91
摩洛多瓦	39	91
阿根廷	38	94
巴西	38	94
埃塞俄比亚	38	94
摩洛哥	38	94
坦桑尼亚	38	94
科特迪瓦	37	99
莱索托	37	99
阿尔巴尼亚	36	101

续表

国家/地区	2022年度CPI值	2022年度排名
厄瓜多尔	36	101
哈萨克斯坦	36	101
巴拿马	36	101
秘鲁	36	101
塞尔维亚	36	101
斯里兰卡	36	101
泰国	36	101
土耳其	36	110
波斯尼亚和黑塞哥维那	34	110
冈比亚	34	110
印度尼西亚	34	110
马拉维	34	110
尼泊尔	34	111
塞拉利昂	34	111
安哥拉	33	116
萨尔瓦多	33	116
蒙古	33	116
阿尔及利亚	33	116
菲律宾	33	116
乌克兰	33	116
赞比亚	33	116
多米尼克	32	123
肯尼亚	32	123
尼日尔	32	126
玻利维亚	31	126
老挝	31	126
墨西哥	31	126

续表

国家 / 地区	2022 年度 CPI 值	2022 年度排名
乌兹别克斯坦	31	126
吉布提	30	130
斯威士兰	30	130
毛里塔尼亚	30	130
埃及	30	130
巴布亚新几内亚	30	130
多哥	30	130
加蓬	29	136
马里	28	137
巴拉圭	28	137
俄罗斯	28	137
吉尔吉斯斯坦	27	140
巴基斯坦	27	140
喀麦隆	26	142
利比里亚	26	142
马达加斯加	26	142
莫桑比克	26	147
乌干达	26	147
孟加拉国	25	147
圭亚那	25	147
伊朗	25	147
阿富汗	24	150
柬埔寨	24	150
中非共和国	24	150
危地马拉	24	150
尼日利亚	24	150
黎巴嫩	24	150

续表

国家/地区	2022年度 CPI 值	2022年度排名
塔吉克斯坦	24	150
阿塞拜疆	23	157
洪都拉斯	23	157
缅甸	23	157
伊拉克	23	157
津巴布韦	23	157
厄立特里亚	22	162
苏丹	22	162
刚果	21	164
几内亚比绍	21	164
刚果民主共和国	20	166
乍得	19	167
科摩罗	19	167
尼加拉瓜	19	167
土库曼斯坦	19	167
布隆迪	17	171
赤道几内亚	17	171
海地	17	171
朝鲜	17	171
利比亚	17	171
也门	16	176
委内瑞拉	14	177
南苏丹	13	178
叙利亚	13	178
索马里	12	180

附录4：透明国际2023年度全球清廉指数（CPI）及排名

国家／地区	2023年度CPI值	2023年度排名
丹麦	90	1
芬兰	87	2
新西兰	85	3
挪威	84	4
新加坡	83	5
瑞典	82	6
瑞士	82	6
尼德兰（荷兰）	79	8
德国	78	9
卢森堡	78	9
爱尔兰	77	11
加拿大	76	12
爱沙尼亚	76	12
澳大利亚	75	14
中国香港	75	14
比利时	73	16
日本	73	16
乌拉圭	73	16
冰岛	72	19

续表

国家 / 地区	2023年度 CPI 值	2023年度排名
奥地利	71	20
法国	71	20
塞舌尔	71	20
大不列颠	71	20
巴巴多斯	69	24
美国	69	24
不丹	68	26
阿拉伯联合酋长国	68	26
中国台湾	67	28
智利	66	29
巴哈马	64	30
佛得角	64	30
韩国	63	32
以色列	62	33
立陶宛	61	34
葡萄牙	61	34
拉脱维亚	60	36
圣文森特和格林纳丁斯	60	36
西班牙	60	36
博茨瓦纳	59	39
卡塔尔	58	40
捷克共和国	57	41
多米尼加	56	42
意大利	56	42
斯洛文尼亚	56	42
哥斯达黎加	55	45
圣卢西亚	55	45

续表

国家 / 地区	2023年度 CPI 值	2023年度排名
波兰	54	47
斯洛伐克	54	47
塞浦路斯	53	49
乔治亚州	53	49
格林纳达	53	49
卢旺达	53	49
斐济	52	53
沙特阿拉伯	52	53
马耳他	51	55
毛里求斯	51	55
克罗地亚	50	57
马来西亚	50	57
希腊	49	59
纳米比亚	49	59
瓦努阿图	48	61
亚美尼亚	47	62
约旦	46	63
科威特	46	63
黑山	46	63
罗马尼亚	46	63
保加利亚	45	67
圣多美和普林西比	45	67
牙买加	44	69
贝宁	43	70
加纳	43	70
阿曼	43	70
塞内加尔	43	70

续表

国家/地区	2023年度CPI值	2023年度排名
所罗门群岛	43	70
东帝汶	43	70
巴林	42	76
中国	42	76
古巴	42	76
匈牙利	42	76
摩尔多瓦	42	76
北马其顿	42	76
特立尼达和多巴哥	42	76
布基纳法索	41	83
科索沃	41	83
南非	41	83
越南	41	83
哥伦比亚	40	87
科特迪瓦	40	87
圭亚那	40	87
苏里南	40	87
坦桑尼亚	40	87
突尼斯	40	87
印度	39	93
哈萨克斯坦	39	93
莱索托	39	93
马尔代夫	39	93
摩洛哥	38	97
阿尔巴尼亚	37	98
阿根廷	37	98
白俄罗斯	37	98

续表

国家 / 地区	2023 年度 CPI 值	2023 年度排名
埃塞俄比亚	37	98
冈比亚	37	98
赞比亚	37	98
阿尔及利亚	36	104
巴西	36	104
塞尔维亚	36	104
乌克兰	36	104
波斯尼亚和黑塞哥维那	35	108
多米尼加共和国	35	108
埃及	35	108
尼泊尔	35	108
巴拿马	35	108
塞拉利昂	35	108
泰国	35	108
厄瓜多尔	34	115
印度尼西亚	34	115
马拉维	34	115
菲律宾	34	115
斯里兰卡	34	115
土耳其	34	115
安哥拉	33	121
蒙古	33	121
秘鲁	33	121
乌兹别克斯坦	33	121
尼日尔	32	125
萨尔瓦多	31	126
肯尼亚	31	126

续表

国家 / 地区	2023 年度 CPI 值	2023 年度排名
墨西哥	31	126
多哥	31	126
吉布提	30	130
史瓦帝尼	30	130
毛里塔尼亚	30	130
玻利维亚	29	133
巴基斯坦	29	133
巴布亚新几内亚	29	133
加蓬	28	136
老挝	28	136
马里	28	136
巴拉圭	28	136
喀麦隆	27	140
几内亚	26	141
吉尔吉斯斯坦	26	141
俄罗斯	26	141
乌干达	26	141
利比里亚	25	145
马达加斯加	25	145
莫桑比克	25	145
尼日利亚	25	145
孟加拉国	24	149
中非共和国	24	149
伊朗	24	149
黎巴嫩	24	149
津巴布韦	24	149
阿塞拜疆	23	154

续表

国家 / 地区	2023 年度 CPI 值	2023 年度排名
危地马拉	23	154
洪都拉斯	23	154
伊拉克	23	154
柬埔寨	22	158
刚果	22	158
几内亚比绍	22	158
厄立特里亚	21	161
阿富汗	20	162
布隆迪	20	162
乍得	20	162
科摩罗	20	162
刚果民主共和国	20	162
缅甸	20	162
苏丹	20	162
塔吉克斯坦	20	162
利比亚	18	170
土库曼斯坦	18	170
赤道几内亚	17	172
海地	17	172
尼加拉瓜	17	172
朝鲜	17	172
也门	16	176
南苏丹	13	177
叙利亚	13	177
委内瑞拉	13	177
索马里	11	180

后　记

呈现在各位读者面前的这部拙著《韩国历届政府反腐败治理的经验与借鉴研究》，是我所主持的吉林大学廉政研究与教育中心专项研究课题：《韩国历届政府反腐败治理的经验与借鉴研究》（2015LZY021）最终研究成果。也是继《当代韩国民族主义研究》（社会科学文献出版社，2015年4月版，荣获吉林省第十一届社会科学优秀成果奖著作类一等奖）之后，历经多年的笔耕不辍，完成的有关朝鲜半岛问题的一部力作，可以说也填补了国内在这方面研究的空白。在本书即将付梓之际，正值我国反腐斗争全面深入，构建完善不敢腐、不能腐、不想腐的长效机制，成效显著，获得国内民众信任，赢得国际社会赞誉之时，能为此做些研究工作，将反腐败治理的外脑智慧：韩国的经验系统地介绍给我国学界，并为国家有关决策部门提供思路参考及政策咨询，为更好地推进国家治理体系和治理能力的现代化进程贡献微薄之力，我的内心充满了无限的喜悦及感谢。"他山之石，可以攻玉"，积数十年之功成效毕现的廉政建设工作，使得韩国政府清廉指数排名逐步上升。2020年1月，国际反腐组织"透明国际"发布2019年全球清廉指数，韩国CPI得分59分，全球排名39位，较2016年的排名52位，提高了13个位次，由此可见韩国反腐败成效是十分显著的。能够对这个对当代中国现代化有重大现实意义的课题进行研究和探索，也是我学术生涯中的一大幸事。

感谢王美分对相关问题的研究以及辛苦的工作，还要感谢任朝丽、魏子千、欧振杰等同学对相关问题的研究、校对，让我更深刻地体会到了"教学相长"、互相促进学业精进之功效。感谢清华大学骆文杰博士的前期研究、国内外同领域学者的宝贵研究成果给予的借鉴和参考，也敬请学届同仁对本书中值得商榷和不当之处给予诚恳的斧正。拙著能够出版，得到了众多的帮助与关心。感谢吉林大学廉政研究院对本课题研究的支持，感谢张贤明院长、马雪松副院长、刘畅副院长和密佳音主任的大力协助，感谢光明日报出版社的不辞辛劳、耐心细致和卓有成效的工作。

生活在鼓励和温暖中是人生的一大幸运，感谢一路关心、默默欣赏和诚挚地支持帮助我的师友们，感谢亲人们的温暖关怀和激励，伴我"学海无涯苦作舟"，从容淡定地去生活和工作。

王　生

2023年9月28日于吉林大学